Solange Duflos
unter Mitarbeit von René Brandicourt

W0063145

Die Wiese lebt

Streifzüge durch die Natur

Herder Freiburg · Basel · Wien

Hier und heute sind wir Menschen dabei, die Natur wieder zu entdecken. Früher war das anders: Bäume, Gräser, Wind und Wolken waren überall und selbstverständlich vorhanden. Darüber dachte man gar nicht weiter nach.

Heute wird die Natur immer mehr zurückgedrängt, ausgebeutet, zugebaut. Flüsse werden mit Abwasser überflutet, die Luft wird durch Abgase von Autos, durch chemische Dämpfe aus Fabriken vergiftet, im Meer sterben Fische und Vögel an der Ölpest, wenn ein großer Tanker einen Unfall hat oder ein leichtfertiger Kapitän seine Tanks auf hoher See säubern läßt.

Aber gleichzeitig sind wir Menschen aufmerksam und empfindlich geworden. Anders als früher wissen viele, wie wichtig es ist, die Welt der Tiere und Pflanzen ringsumher zu bewahren und zu schützen, und zwar mit dem Ziel, daß die Welt der Menschen auch für die Zukunft bewohnbar bleibt.

Unsere Umwelt, die Schutz benötigt, das ist alles mögliche: die Bäume und Sträucher am Straßenrand, die Felder und Wälder draußen vor den Dörfern und Städten, irgendein Bach, ein Fluß, ein See. Das alles lebt, hilft uns Menschen leben und soll auch ferner lebendig bleiben.

Was wir schützen wollen, sollten wir auch kennen. Wir können aber nicht auf einmal alles aufnehmen; daher ist es am besten, die Natur Stück um Stück zu erkunden. Dazu will dieses Buch beitragen. Mit seiner Hilfe wollen wir ein naheliegendes Forschungsgebiet durchstreifen: den natürlichen Lebensraum der Wiese.

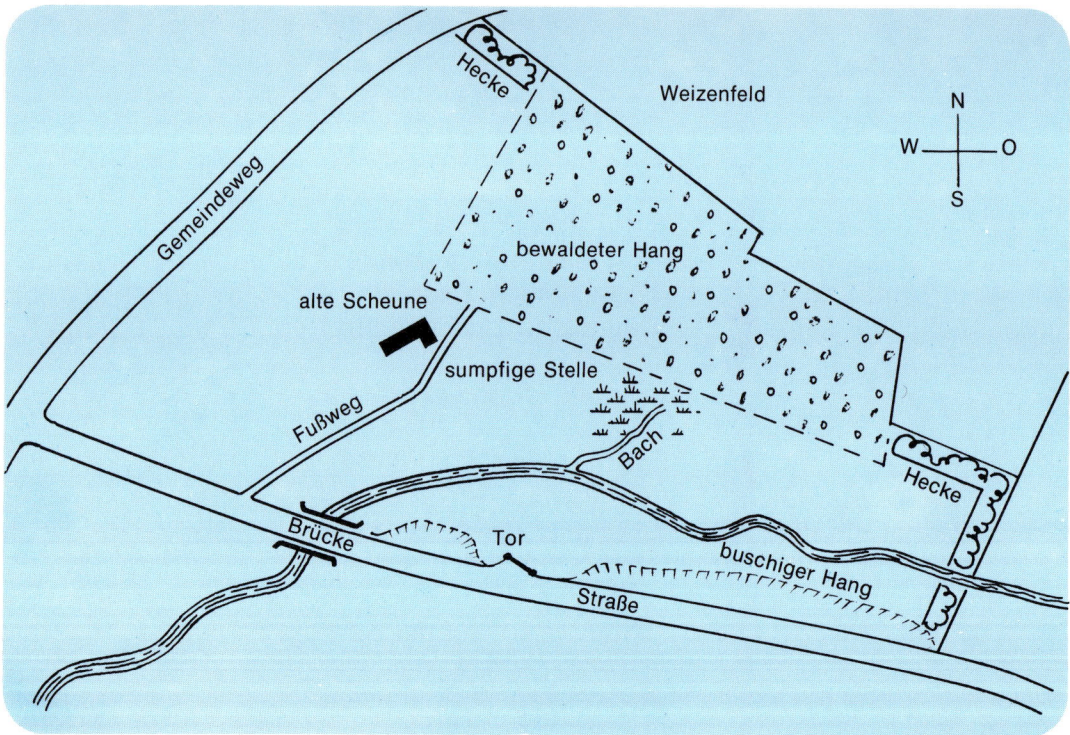

Fotografie und Lageskizze der Wiese, die wir gewählt haben. Sie erstreckt sich zwischen einem Gemeindeweg zur Linken, einem Wald im Norden bis zu einer Hecke zur Rechten, die sie vom Nachbarfeld abgrenzt, und zu einigen Pappeln. Sie wird von einem kleinen Fluß und einem Bach durchflossen. Ein Fußweg führt zu einer alten Scheune.

Wenn wir für „unsere Wiese" entschlossen sind, können wir vom Grundbuchamt (Katasteramt) den Plan erbitten und danach eine ebenso einfache Skizze wie diese hier anfertigen.

Eine gute Idee: eine dekorative Vergrößerung davon. Mit kleinen Strichzeichnungen und Unterschriften erläutert man die verschiedene Habitate und die Entdeckungen. Beispiel:

Blumen		Pilze	
Sträucher		Schmetterlinge	
Bäume		Hecke	
Steine		Pflanzen, Schlingpflanzen	

Die Bewohner der Wiese

GELEGENTLICHE BESUCHER

Vögel

Ringel-
natter

REGELMÄSSIGE BESUCHER

Schmetterlinge
Fuchs

Falke

Eule

Wiesel

Igel

BEWOHNER

Vogel

Raupe

Schnecke

Eidechse

Kaninchen

Spitzmaus

Waldwühlmaus

Schermaus
(Wühlmaus)

Wir machen ein großes Bild wie dieses. Man kann die Abbildungen zeichnen oder Fotos aus Zeitschriften ausschneiden. Natürlich kommen auf das Bild alle beobachteten Tiere, auch wenn sie sich nicht schon hier auf diesem Bild befinden. Auch kann man das Datum solcher Entdeckungen vermerken.

Wiesen finden wir überall: im Umkreis der großen und kleinen Städte, wohin wir mit Straßenbahn oder Bus für ein paar Stunden oder einen Sonntag lang hinkommen; am Rand von Dörfern oder Neubaugebieten, die wir mit dem Fahrrad erreichen; oder draußen auf dem Land, wo wir irgendwann im Jahr die Ferien verbringen und jeden Tag etwas Neues entdecken können.

Denn Wiesen sind tatsächlich nicht irgendein beliebiges Stück Erde, das gleichgültig und ohne Geheimnisse wäre. Wiesen sind vielfältig, und wir wollen hier versuchen, gemeinsam zu entdecken, woher das kommt. Wenn eine Wiese dem Vieh als Weide dient, dann bedeutet das üppiges Gras: es ist also feuchtes, frisches Gelände, von einem Bach begrenzt oder mit Quellen in der Tiefe. Im dichten Gras wachsen Blumen, ebenso vielfältig wie der Boden, der sie trägt. Ein Paradies also für zahllose Insekten. Der Boden selbst aber verbirgt noch andere Arten kleiner Tiere. Um die Wiese zu entwässern, hat man einen Graben gezogen. Wie im Bach wimmelt es auch dort von Leben. Damit das Vieh frei weiden kann, ohne wegzulaufen, hat man die lebenden Hecken erhalten: sie sind voller Vögel, und dicht am Boden leben kleine Säugetiere. Diesen natürlichen Lebensraum nennen wir nun wie die Fachleute „Biotop"; und jede der Stellen, wo bestimmte, für Gruppen von Pflanzen oder Tieren günstige Lebensbedingungen zusammentreffen, ist ein „Habitat".

Die Sumpfdotterblume *zeigt mit dem beginnenden Frühling ihre gelben Blütenkronen (4 cm) zwischen den herzförmigen Blättern. Sie wurzeln bis ins Bett des Baches hinein, der ihre Samenkörner mit sich führt.*

Die alte Scheune bietet Schleiereulen, Rauchschwalben und vor allem Spinnen Obdach. Wie viele Schmetterlingsraupen auf den Brennesseln leben, die hinter der Scheunenmauer in einer vernachlässigten Ecke wachsen!

Wir zeigen S. 4 das Bild einer Wiese, auf der wir dem Leben im Rhythmus der Jahreszeiten nachspüren wollen. Die Wiese, auf der man dann als Forscher arbeitet, ist gewiß nicht die gleiche, aber sie wird ähnliche Züge haben. Eine Wiese, wie die außen auf dem Buch, ist schön wie ein gemaltes Bild, fügt sich in die Landschaft ein mit ihrer sanften Abwärtsneigung und dem hellen Bach, den gelben Sumpfdotterblumen und dem Wiesenschaumkraut.

Was wollen wir auf der Wiese machen? Viele Entdeckungen! Wir werden das Leben der Pflanzen und Tiere beobachten, um zu begreifen, wie sie miteinander und auch voneinander leben, damit ein Gleichgewicht des Lebens zustande kommt.

Manche Pflanzen haben unvermutete Eigentümlichkeiten, heimliche Abenteuer mit Tieren. Die Tiere wiederum haben ihre Gewohnheiten und besondere Beziehungen zueinander. Das Liebesspiel der Buchfinken; die Verwandlung der Raupe zum Schmetterling; die erstaunliche Gewohnheit der Ameisen, Rosenblattläuse zu entführen, um sie zu melken, bis sie selbst vom Grünspecht gepackt werden. Dies und vieles andere sieht und erfährt man erst, wenn man davon weiß, wenn man es sucht und regelmäßig beobachtet. Vieles paßt auf den ersten Blick nicht in das gleiche Bild. Macht nichts. Wenn sich unser „Forschungsheft" mit Notizen füllt, ergibt es sich fast von selbst, daß man sie später ordnet, an Regentagen oder im Winter, wenn die Wiese schläft.

Die Blüte der gelben Iris sondert in ihrem Innern eine süße Flüssigkeit, den Nektar, ab, der Insekten anlockt. Um ihn zu erreichen, müssen die Insekten tief in die Blüte hineinschlüpfen. Während sie den Nektar sammeln, ernten oder befördern sie auch den Pollen (vgl. S. 17).

Gräser und Doldengewächse bilden ein besonders günstiges Habitat für die Insekten.

Die Ameise versorgt und beutet die Blattläuse, die an zarten Stengeln saugen, wie richtiges Vieh aus.

Wahre Forscher

Die lebendige Welt zu entdecken erfordert tatsächlich die Fähigkeiten, die ein Forscher braucht. Man muß Geistesgegenwart besitzen, viel Aufmerksamkeit, Geduld und die Selbstbeherrschung völligen Schweigens aufbringen.

Um die Tiere zu beobachten, muß man also alles vermeiden, was ihre Aufmerksamkeit erregen könnte. Vorsicht: Ihre Sinne sind stärker entwickelt als die des Menschen; sie sehen, hören und riechen schon von weitem. Daher nicht schwatzen, pfeifen, nicht mit den Füßen schlurfen, keine knarrenden Schuhe anziehen! Wenn irgend möglich, geht man gegen den Wind, damit der Geruch nicht vor einem herläuft. Grelle Farben und Sachen, die das Licht reflektieren, vermeide man.

Die Annäherung muß langsam vor sich gehen und durch häufiges Stehenbleiben unterbrochen werden. Dieses Buch gibt Hinweise dafür, nach Jahreszeiten und Biotopen zusammengefaßt. Bei der Erkundung des Geländes können wir unsere Fähigkeiten als Detektiv üben, um Spuren zu finden: Abdrücke (vgl. S. 100), zertrochene Schneckenhäuser, Exkremente, beschmutzte Blätter.

Solche Spuren sind Beweise für die Gewohnheiten der Tiere, die wir beobachten. Die Hinweise aus diesem Buch sind zu ergänzen aus naturkundlichen Führern und Taschenbüchern (s. S. 110), vielleicht auch von Jägern oder Leuten vom Lande.

Einen guten Beobachtungsplatz finden wir vielleicht auf einem Baum, gut getarnt, oder wir bauen eigens ein Versteck (vgl. S. 30).

Jeder Forscher muß seine Tätigkeiten vorher genau planen. Sie werden je nach verfügbarer Zeit verschieden lange dauern: einige Stunden, einen ganzen Tag oder vielleicht eine Woche.

Damit ihr eure Zeit nicht verschwendet, stellt euch Aufgaben, die je nach der Jahreszeit am meisten Erfolg versprechen. Entsprechend sind die Ziele zu stecken; es wäre unklug, sich eine tagelange Arbeit vorzunehmen, wenn man nur eine Stunde Zeit hat.

Wichtig ist auch der richtige Zeitpunkt. Heilpflanzen pflückt man in der Regel nach einem sonnigen Morgen. Schnecken kommen nach dem Regen aus dem Haus. Tierspuren sind auf Schnee oder feuchter Erde deutlicher zu erkennen. Die meisten kleinen Säugetiere werden in der Dämmerung besonders aktiv. Wer hingegen Vögel beobachten will, steht mit der Sonne auf.

Wenn man in einer Gruppe forscht, teilt man untereinander, je nach den Fähigkeiten des einzelnen, die zu untersuchenden Stellen, die nötigen Beobachtungen und das vorhandene Material auf; und wenn es an Werkzeug fehlt, kann man einiges selbst anfertigen. Wichtig ist aber, daß in der Gruppe jeder den anderen rückhaltlos von seinen Ergebnissen unterrichtet.

◄ *Am Waldrand und in den höchsten Hecken nährt sich die Waldwühlmaus von Grassamen und versteckt sich in manchen Farnkräutern.*

Diese Schermaus wagt zaghaft einen Ausgang. Sie hat ihr Nest, ein Schlafzimmer und eine Speisekammer in einer unterirdischen Galerie. ►

Die Ausrüstung

Die zweckmäßige Ausrüstung muß nicht teuer sein. Vieles können wir selbst machen. Nachstehend einige Hinweise.

Was für die Expeditionen nützlich sein kann:

- einige Schachteln, Röhren oder Fläschchen (aus der Apotheke Arzneifläschchen, am besten aus Plastik) für lebend gefangene Tiere und für die Konservierung,
- wasserdichte Plastikbeutel,
- alte Handschuhe, Lappen, Bindfaden,
- Messer (stabil, mit festem Griff),

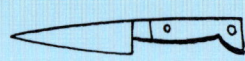

- kleine Pflanzschaufel,

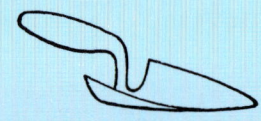

- Zollstock oder Bandmaß,
- Lupe,

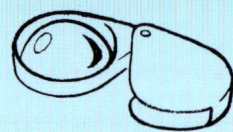

- kleiner Zeichenkasten mit Papier für Skizzen und Zeitungspapier für den Transport von Pflanzen, die für das Herbarium bestimmt sind,
- kleiner Kescher oder Konservendose an einem Stiel zum Fangen im Wasser oder im Schlamm,

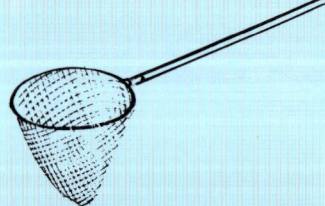

- Gerät für Abdrücke (starkes Papier, Wasser, Gips),
- Notizblock, Bleistift und Farbstifte,
- ein guter Stock.

Natürlich wird man nicht alles bei jedem Ausflug mitschleppen!

Das „Forschungsheft" sollte man aber nie vergessen. Die „Entdecker" zeichnen immer ihre Beobachtungen, ihre Abenteuer auf. Sie machen Skizzen, eine Liste. Man muß tun wie sie, und sobald die zusammengetragenen Einzelheiten ausreichen, muß man, genau wie sie, die Gesamtheit der Entdeckungen sorgfältig darbieten. Nichts aufschieben; das Gedächtnis ist kurz! Nach jeder Forschungsreise die Ergebnisse unverzüglich aufschreiben und die Fundstücke ordnungsgemäß aufbewahren.

Material zum Gebrauch im Laboratorium und in der Werkstatt:

- Schachteln und Fläschchen, Weckgläser oder Schalen,
- Pinzetten, Federzange,

- Scheren: Stick- und gewöhnliche Schere,
- Rasierklingen oder Skalpell (Vorsicht vor Verletzungen),
- Nadeln, Reißzwecken,
- Klebstoff, Klebeband,
- Zeitungspapier in großen Mengen, Lösch- und Kartonpapier,
- Cellophanblätter oder durchsichtige Plastikfilme,
- eine Presse für Kollagen und das Trocknen von Pflanzen,
- Vivarium: ein Aquarium oder ein Paludarium (es macht Spaß, es selbst zu bauen oder einzurichten).

Nützlich ist eine kleine Arbeitsbibliothek: Bestimmungsbücher für Vögel und Pflanzen. Große, teure Nachschlagewerke darf man in der Volksbücherei ausleihen oder dort benützen.

Nützlich, wenn auch nicht unbedingt erforderlich, sind Fernglas, Fotoapparat, ein kleines Mikroskop (Vergrößerung von 25- bis 50mal reicht aus).

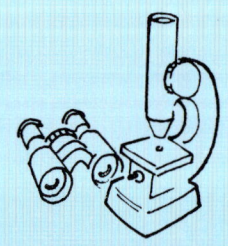

Ein Fachmann schlägt vor: die erste fotografische Pirsch.
Die richtige Fotojagd, wie sie manche Erwachsenen, Amateure und Berufsfotografen, ausüben (wo Naturliebhaber große Vogelschwärme im Flug oder Gemsen in schnellem Lauf aufnehmen), erfordert eine Spezialausrüstung, die einige tausend Mark kostet.

Wenn man jung ist, verfügt man kaum über eine solche Summe. Man besitzt häufig einen kleinen Apparat, mit dem man Ferienbilder aufnimmt, eine „Instamatic" vielleicht oder etwas ein wenig Besseres.

Allgemeine Ratschläge
Vor allem andern: sehen lernen, sich schulen, Pflanzen, Tiere, atmosphärische Erscheinungen beobachten. Ein Fernglas, selbst von mittlerer optischer Qualität und der klassischen Vergrößerung 8 × 30, ist schon ein gutes Beobachtungsinstrument.

Die Kenntnis der Natur und der Gewohnheiten der Tiere wird helfen, die Objekte und die rechten Augenblicke auszusuchen. Im übrigen: ein guter Fotojäger schützt die Umgebung und tut nichts, was sie stören oder ihr schaden könnte.

Wer Gelegenheit hat, in die Nähe einer Vogelkolonie zu kommen, wo gerade gebrütet wird, braucht bloß ein bißchen Lärm zu machen, um alle zum Auffliegen zu bringen: das gibt dann vielleicht ein gutes Foto, aber es wird sich auf den gesamten Brutbetrieb schädlich auswirken (Plünderung und Zerbrechen von Eiern).

Niemals soll man ein Nest wegnehmen und woanders hinbringen, um es besser fotografieren zu können.

Nie hinter den Tieren herrennen, im Zoo oder in einem Safaripark, wo die Tiere in halber Freiheit leben.

Keine Verpackungen von Filmen auf die Erde werfen: das ist eine Werbung, mit der die Natur nichts anfangen kann, und wenn es alle Fotografen täten, würde es bald schlimm aussehen.

Wir gehen auf fotografische Jagd

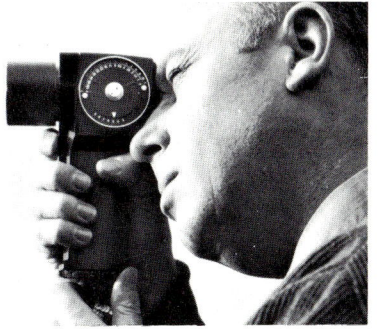

Die einfachste Ausrüstung

Es gibt zahlreiche und verschiedene Kameras. Die wesentlichen Teile sind aber vereinheitlicht und genormt. So können sie auch von einem breiten Publikum leicht benützt werden.

1. Pocketkameras für Kassettenfilm (Format 13 × 17 mm) Material sehr einfach, gebaut für den Transport in der Tasche. Kann für Schwarzweiß- und Farbfilm benutzt werden. Einzige Belichtungszeit von 1/60 Sekunde bei den einfachsten Apparaten bis 1/250 Wettersymbole für die besten dieser Art (z. B. Kodak Instamatic; Agfa Sensor).

Diese Kameras sind gute Begleiter, die sich, richtig angewandt, für Naturaufnahmen eignen: Landschaften und Tiere aus nächster Nähe.

2. Kleinbildkameras für das Format 24 × 36 mm mit festem Objektiv (im allgemeinen 40 mm), eingebautem Entfernungsmesser, Belichtungszeiten von 1/300 Sekunde, Blendenautomatik (etwa Olympus 35 RC; Agfa Optima 200 Sensor).

Mit diesen Geräten kann man auch unter weniger günstigen Lichtverhältnissen arbeiten, etwa im Wald und wenn man Tiere aus einiger Entfernung aufnehmen will. Dabei ist ein überlegter Bildausschnitt zu wählen. Hat man damit Erfahrungen gesammelt, so kann man auch damit beginnen, eine Vorsatzlinse vor das Objektiv zu stecken, um die Brennweite zu verändern; und Aufnahmen im Nahbereich zu machen, so fotografiert man Blumen oder Insekten.

Für die Praxis

1. Als erstes studiert man die Gebrauchsanweisung des Apparats und ergänzt die Ausrüstung mit einem kleinen Fotohandbuch... das man aber auch lesen muß!
2. Vorsicht mit der Kamera: Transporttasche benutzen. Staub oder Fingerabdrücke sollen sich nicht auf dem Objektiv festsetzen.
3. Keine zu alten Filme verwenden (Datum auf der Verpackung!). Der Film wird so eingelegt, daß kein Staub darankommt und kein Licht darauffällt. Der belichtete Film wird sorgfältig zurückgespult, man schützt ihn vor Hitze und läßt ihn so schnell wie möglich entwickeln.
4. Nicht aufs Geratewohl drauflosknipsen, sondern auswählen, überlegen, den besten Augenblick abwarten. Meist ist die Mittagsstunde ungünstig, weil infolge der hochstehenden Sonne die Lichtkontraste fehlen.
5. Die Sonne soll nicht aufs Objektiv fallen: man benützt eine Sonnenblende oder bringt den Apparat in den Schatten.
6. Das Licht sollte von der Seite kommen und nicht im Rücken des Fotografen sein.
7. Landschaften sollten in der Tiefe gestaffelt sein. Wenn der Vordergrund sehr nahe ist, gibt es viel Tiefe.
8. Eine Person, ein Tier, ein bekannter Gegenstand, die auf dem Foto erscheinen, geben eine Vorstellung von der Größe der anderen fotografierten Elemente.
9. Im Augenblick der Aufnahme die Kamera ruhig halten. Oft ist eine feste Unterlage nötig.

Tonbilder

Dafür kann man schon ein tragbares Kassetten-Tonbandgerät verwenden. Ohne den Tonliebhabern, die mit vollendeten Aufnahmegeräten ausgestattet sind und Parabolmikrophone oder Mikrophon-„Kanonen" mit genauer Richtcharakteristik verwenden, Konkurrenz machen zu wollen, kann man damit klingende „Töne", Geräuschmilieus, vielleicht den Gesang des Rotkehlchens, das Lied der Nachtigall, aufnehmen. Die Wiese atmet. Man kann sie hören. Auch das gehört zu den Fundgegenständen!

KODAK INSTAMATIC 60

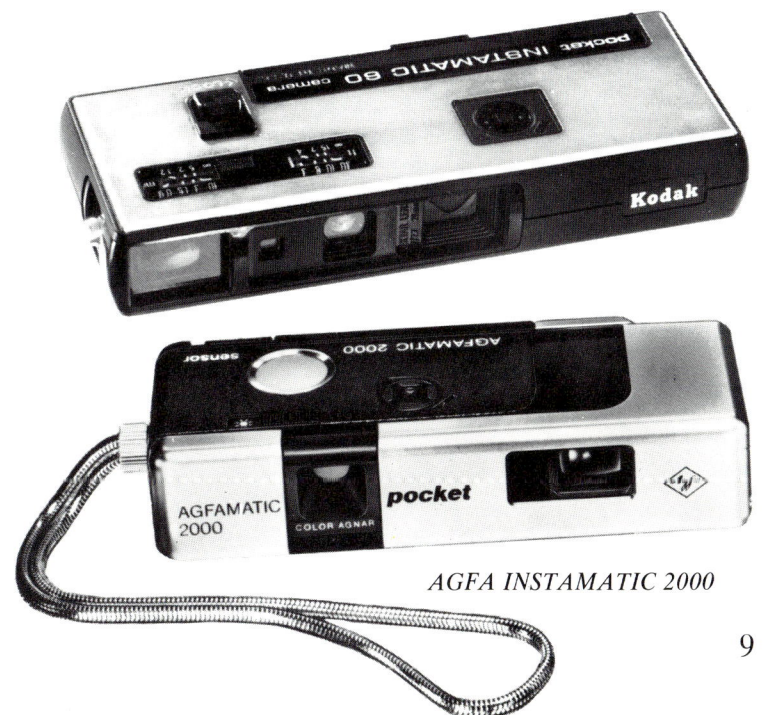

AGFA INSTAMATIC 2000

Biotop und Habitat

Wir sagten bereits, daß der natürliche Lebensraum „Wiese" ein Biotop genannt wird (von den griechischen Wörtern *bios,* Leben, und *topos,* Ort), und man unterscheidet dort viele verschiedenartige Habitate (vom lateinischen Wort *habitare,* wohnen), die wir bei unseren Forschungen kennenlernen.

Im Gras und im Boden, an den Hängen und im Wasser des Baches, in den Bäumen am Rand des kleinen Waldes, in der alten Scheune und rund um sie her lebt und entwickelt sich eine Gemeinschaft von Pflanzen und Tieren.

Die Kräuter, Blätter, Blüten und Samenkörner sind das Paradies der Weichtiere, der Vögel, der Nager, der Insekten. Die Pflanzen sind geradezu die „Gastwirte" für dieses oder jenes Insekt, vor allem für Schmetterlingslarven. Die einen leben beispielsweise auf den Brennesseln, andere wieder ausschließlich auf Doldengewächsen.

Nützliche Pflanzen, vor allem Heilpflanzen, finden wir vorwiegend an Hängen und Hecken. Pflanzen, die die Tiere als schädlich kennengelernt haben, lassen sie stehen; sie wachsen in der Regel nur schwach nach. Dagegen vermehren sich gerade jene Pflanzen stark, die von den Tieren gern aufgenommen werden.

Bäume und Sträucher der Hecken bieten ebenfalls einer Menge von Vögeln, Nagern, Schnecken oder Insekten Unterkunft und Schutz.

Die Naturwissenschaftler sprechen vom Gesetz des Räubers und seiner Beute, das zwischen Insekten, Weichtieren, Amphibien, Reptilien, Vögeln und Säugetieren gilt: dieses Gesetz sorgt für ein Gleichgewicht, das nicht gestört werden darf. Wenn der Mensch eingreift, irgendein Tier fördert, irgendeine Pflanze ausrottet, so hat das immer schädliche Folgen für den ganzen Biotop. Dafür gibt es unzählige Beispiele.

Ein kleiner Spaziergang zeigt uns, daß die Heckenlandschaften heute immer mehr verschwinden, jene Wiesen und Felder, die von lebenden Hecken und Gehölzen durchzogen sind, weil der Mensch dort ohne Rücksicht auf das empfindliche biologische Gleichgewicht Entwässerungs- und Abholzungsarbeiten vornimmt, um neue Äcker oder auch neue Wohngebiete anzulegen.

Heute geht es darum, die Heckenlandschaften den neuen Lebensbedingungen anzupassen, ohne dabei die Natur zu mißachten. Bäume und Hecken sind es beispielsweise, die dafür sorgen, daß der Boden durch Wind und Regen nicht fortgeweht oder fortgespült wird.

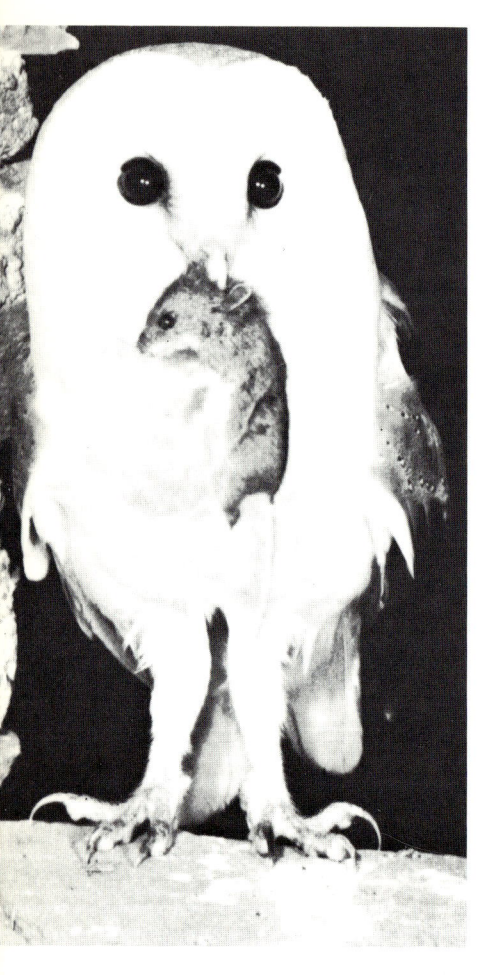

Die Schleiereule, die in Scheunen und Schuppen der Dörfer wohnt, jagt kleine Nagetiere. Das gleiche tun Waldkauz und Steinkauz, die meist hohle Bäume bewohnen. Diese Schleiereule hat eine Schermaus für ihre Jungen im Schnabel.

Fressen und Gefressen werden

Hier die alte Feldscheune

Unterkunft der Schleiereule

die die Wühlmaus frißt ...

die sich von der Schnecke nährt ...

die das Blatt benagt ...

das die gefräßige Raupe verzehrt ...

die die Eidechse frißt ...

die wiederum von der Ringelnatter verspeist wird ...

die der Igel verschlingt ...

den eines Tages vielleicht der Fuchs zerreißt ...

Hier sind natürlich lange nicht alle Beziehungen zwischen Fressenden und Gefressenen angegeben. Auf jeder Wiese entdeckt man andere Zusammenhänge.

Ein Beispiel sind die untenstehenden mehr oder weniger beschädigten Schneckenhäuser. In manchen Fällen sind sie zerschlagen, das ist das Werk der Drossel. Sind sie jedoch rund um die Spirale aufgeschnitten – wie die hier abgebildeten –, dann sind die Schnecken von einem Nager gefressen worden: Wühlmaus, Feldmaus oder Ratte ...

1

2

3

4

5

6

7

Das biologische Gleichgewicht

Große Flächen, die mit einer einzigen Nutzpflanze bestellt werden, bilden ein ideales Habitat für die Feldmäuse[1].

Diese kleinen Nager, die sich – zweimal jährlich – um zehn bis zwölf Junge vermehren, richten große Schäden in den Kulturen an, denn sie nagen die Wurzeln ab, während sie Gänge graben, in denen sie unvorstellbare Mengen von Vorräten speichern. Sie gedeihen auf diesen großen freien Flächen, wo sie nur auf wenig Feinde stoßen, während in der Heckenlandschaft das Gleichgewicht von Räubern sichergestellt wird: Ringelnattern[2], Wiesel[6], die Tagraubvögel, wie der Turmfalke[3], Nachtraubvögel, wie die Waldohreule[4].

Die verschiedenen Habitate der Heckenlandschaft begünstigen auch den Bestand kleiner Säugetiere, die nützlich für die Kulturen sind: Insektenfresser und Würmerfresser, wie Spitzmaus[5] und Igel.

Schließlich bieten die Hecken zahllosen Vögeln Unterschlupf, die, wie Rohrsänger[7] oder Meisen[8], jeden Tag Insekten in der Menge des eigenen Körpergewichts und des Gewichts ihrer ganzen Brut vertilgen.

Die Insekten verzehren sich auch gegenseitig: der Kartoffelkäfer wird eine Beute von Ameisen[9] oder die Schmetterlingsraupe, in die eine Schlupfwespe ihr Ei legt... Dieses wird sich zu einem Parasiten entwickeln, der die Raupe von innen auffrißt[10].

Soweit die Hecken nicht durch chemische Mittel entvölkert worden sind, bilden sie ein schützendes Element für Felder und Obstgärten[11].

10

8

9

11

12

Der biologische Kampf

Das Insekt, das wir hier sehen, ist keine Stechmücke, sondern eine Schnake: langer Rüssel und Beine wie unglaublich feine Stelzen. Diese Schnake legt ihre Eier in die feuchte Vegetation der Bachufer. Andere Schnaken legen sie aber auch in den Boden von Weiden, in den Humus der Waldränder und selbst in bestellte Felder. Ihre Larven richten Schäden an den Wurzeln von Gemüsepflanzen und an Grashalmen an. Eine einzige Schnake legt etwa 500 Eier.

Die Bauern haben versucht, sie mit Hilfe von Insektengift zu vernichten, aber allmählich sind die Schnakenlarven gegen die versprühten Chemikalien resistent (widerstandsfähig) geworden. Dagegen starben immer mehr Vögel an Vergiftungen, oder ihre Eier blieben unfruchtbar. Es liegen also Gefahren in der Anwendung von Pestiziden in der Landwirtschaft. Diese Einsicht setzt sich leider nur langsam durch.

Wissenschaftler forschten nach, welche Insekten die Larven der Schnaken vernichten könnten. Französische Institute züchteten solche Insekten, um sie dort freizulassen, wo sie notwendig und im jeweiligen Zeitpunkt erwünscht waren.

Der Einsatz von räuberischen Insekten, d. h. solchen, die auf Kosten anderer, schädlicher Insekten in unseren Wäldern und Kulturen leben, ist eine Form des biologischen Kampfes. Der Erfolg ist nur dann zufriedenstellend, wenn die Gesetze des natürlichen Gleichgewichts beachtet werden. Früher und bis heute wurde und wird dieser Gedanke leichtfertig übersehen.

Die Natur selbst ist häufig Schauplatz eines ähnlichen Kampfes. Wie steht es etwa mit diesem samtigen, ganz aufgerollten Blatt? Es stammt von der Hecke einer Wiese. Die kleinen Insekten darauf sind Blattläuse, sämtliche tot am Blatt haftend. Als sie noch lebten, waren sie von einer winzigen Schlupfwespe von 1 mm Länge, der Chalcis, angegriffen worden. Die Schlupfwespe legte ihre Eier in die Körper der Blattläuse. Dazu benutzt sie ihre Legeröhre. Das Ei entwickelt sich, und die Larve verzehrte die lebende Blattlaus. Sobald diese Larve ihr Wachstum beendet hat, verläßt sie den Körper der Blattlaus, nachdem sie deren Haut durchbohrt hat. Die Blattlaus stirbt, und die Chalcis fliegt davon.

Die Schadinsekten zählen nach Millionen, doch ihre winzigen Feinde, jeder einzelne spezialisiert auf die Vernichtung einer ganz bestimmten biologischen Art, sind von ungeheurer Fruchtbarkeit. Und gerade durch ihre Zahl könnten sie weit wirksamer sein als alle künstlichen Insektengifte, die der Mensch unter der Gefahr unvorhergesehener Folgen anwendet.

Diese „Entomophagen", d. h. Insekten, die andere Insekten fressen, sind wichtige Verbündete des Menschen. Das trifft auch auf die verschiedenen Marienkäfer zu. In

Australien hat man Marienkäfer gezüchtet, um die Schildlaus zu bekämpfen, die sich verheerend auf Orangensträucher auswirkte. Es ist gelungen, diesen Marienkäfer auch in Frankreich und Amerika einzuführen.

Das sind nur einige wenige Beispiele. Sie zeigen aber, daß die Natur selbst alle Möglichkeiten hat, einen vernünftigen biologischen Kampf zu führen im Gegensatz zur Vernichtung aller Insekten, der nützlichen wie der schädlichen, die mit Hilfe giftiger Produkte, von Flugzeugen versprüht, unterschiedslos durchgeführt wird. Dabei ist bei vielen Giften – etwa beim DDT – inzwischen festgestellt, daß sie für die Menschen schädlich sind. Solche Beispiele zeigen und beweisen, daß der ungezügelte Einsatz chemischer Gifte in der Natur keinesfalls zulässig ist. Die Verantwortung für die Folgen in der Zukunft muß unbedingt ernst genommen werden.

Die Heilwirkung der Himmelsschlüssel – Primula officinalis – wird hoch geschätzt. Man nennt diese Primel auch Primula veris *(vgl. S. 50).*

Jede Blüte des Scharbockskrauts, einzeln für sich auf einem langen Stiel, besitzt 3 grüne Kelchblätter und 6–12 Blütenblätter von goldenem Gelb, die auf der Oberseite glänzen. Die Staubfäden sind zahlreich.

Im Frühling

Ende Februar bemerken wir plötzlich, daß die Tage länger werden. Es regnet, das Moos an den Baumstämmen wird grün. Ende März beginnen die Laubfrösche im Tümpel zu laichen. Es gibt Sonnenschein, und strahlen nicht auch die Gesichter der Menschen?

Im März (nach seinen Regengüssen) sprießt überall das Gras, und die Blumen bereiten sich auf den Festzug im April vor: die Brennesseln wachsen, und die Gänseblümchen blühen in Massen. Kräftiger Südwind läßt die Kätzchen von Haselnuß und Weide zittern. Die Bienen aus einem benachbarten Bienenstand schweben über der Wiese. Die einheimischen Vögel machen sich in den eben knospenden Zweigen und Heckensträuchern zu schaffen, während die Zugvögel erst später aus Afrika zurückkehren.

Der April wirkt wie ein Signal auf unsere Wiese. Ein paar Primeln sind die ersten, eine ganze Menge von Löwenzahnblüten öffnet sich. Die Veilchen werden bald im Schatten ihrer Blätter duften. Doch vor allem ist es das Scharbockskraut, das uns entgegenleuchtet mit seinen gelben, wie lackierten Blütenblättern.

Die Insekten beginnen ihre Suche nach Pollen und Nektar, dem süßen Saft der Blüten. Er wird von „Drüsen" ausgeschieden, die man Nektarien nennt. Aber nicht alle Blüten produzieren Nektar. Die süße Flüssigkeit wird von zahlreichen Insekten gesammelt, die dabei gleichzeitig für die Übertragung des Pollens sorgen, des befruchtenden Blütenstaubes. Mit einer Lupe können wir den Geheimnissen all dieser schönen Frühlingsboten nachspüren.

15

Wenn einer diesen Käfer mit einem Halm berührt, wird er unbeweglich und zieht sich zusammen. Dann sieht man große Tropfen einer lebhaft rot gefärbten Flüssigkeit am Kopf, an den Beingelenken, dann an den Ringen des Hinterleibes erscheinen. Deshalb nennt man diesen Blattkäfer in Frankreich auch wohl „Blutspukker".

Es ist tatsächlich Blut, das da austritt. Bitte nicht berühren. Es ätzt die Haut, verursacht bleibende Flecke und eine Art Verbrennung. Natürlich läßt also ein Vogel, der den Käfer erfaßt, sofort wieder los!

Der Weißdorn (links) in lebenden Hecken erfüllt im Mai das Land mit seinem Duft. Die Blüten des Schwarzdorns oder Schlehenstrauches (rechts) – Vorsicht vor den Dornen! – geben Früchte, die nach dem Frost angenehm schmecken.

Wiesen-schaumkraut

Auch dicke schwarze Käfer klettern schon auf den Blüten und Blättern. Die Blüten des Schwarzdorns oder Schlehenstrauchs öffnen sich vor den Blättern und sehr viel früher als die Weißdornblüten. Ob es uns wohl gelingt, am Bach jenen Augenblick mitzuerleben, wo sich die malvenfarbigen Knospenbüschel des Wiesenschaumkrauts vor unseren Augen entfalten?

Lauter Frühlingsblüten

Mit bloßem Auge betrachtet, erscheinen Blüten oft wie planlose Gebilde. Unter der Lupe entdeckt man jedoch rasch, wie regelmäßig sie angeordnet sind.

Einzelheiten der Schlehenblüte; ein Busch ist auf S. 16 abgebildet (durch Lupe vergrößert). Die Blütenblätter liegen nicht auf den Kelchblättern, sondern wechseln mit ihnen ab. Die Staubblätter sind am Kelchrand angewachsen, und der Stempel ragt in der Mitte der Blüte auf.

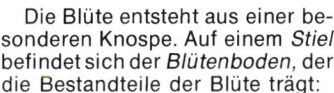

Die Blüte entsteht aus einer besonderen Knospe. Auf einem *Stiel* befindet sich der *Blütenboden,* der die Bestandteile der Blüte trägt:

die *Kelchblätter,* meist grün wie das Laub, bilden einen *Kelch,* der das Ganze zusammenzuhalten scheint;

die *Blütenblätter,* kronenförmig angeordnet, häufig bezaubernd durch Farbe und Duft;

die *Staubblätter,* deren *Faden* einen im allgemeinen gelben *Staubbeutel* (oder Pollensack) trägt, in dessen Innerem der *Pollen* reift. Dieser entweicht durch Öffnungen, sobald er reif ist, wird vom Wind oder von Insekten weggetragen und befruchtet Blüten der gleichen Art;

ein *Fruchtknoten,* in der Mitte der Blüte sichtbar, aus einem oder mehreren *Fruchtblättern* gebildet. Ein Fruchtblatt ist ein winziges, besonders gerolltes Blatt, dessen Ränder fest miteinander verbunden sind. Sie tragen eine oder

mehrere *Eizellen* (die künftigen Samen) in einer geschlossenen Samenanlage.

Der *Griffel,* der den Fruchtknoten verlängert, endet in einer klebrigen *Narbe,* die die Pollenkörner festhält. „Keimend", einen Schlauch bildend, wandern die Pollenkörner durch den Griffel in den Fruchtknoten hinab und befruchten die Eizellen. Während die Blütenteile, die nun überflüssig geworden sind, verwelken und abfallen, entwickeln sich die Eizellen im wachsenden Fruchtknoten. Er wird zur Frucht und enthält die zu Samen gewordenen Eizellen. Aus diesen Samen entstehen neue Pflanzen derselben Art.

Nehmen wir eine einfache Blüte, wie die Sumpfdotterblume oder das Scharbockskraut. Mit Hilfe von Pinzette, Nadeln, dem Taschenmesser nehmen wir vorsichtig alle Blütenteile auseinander. Wenn nötig trennen wir die Fruchtblätter voneinander. Wir lassen alles unter

Druck zwischen zwei Löschblättern trocknen, wobei die einzelnen Teile sorgfältig auseinandergehalten werden.

Wenn die Blütenteile nach einigen Tagen gut getrocknet sind, gruppiert man sie in Linien oder in Form der Blütenkrone und klebt sie (den Leim nur mit einer Nadelspitze antupfen) auf ein Blatt Papier, auf das der Name der Teile vermerkt wird. Diese Montage legen wir zu der entsprechenden Pflanze für das künftige Herbarium.

Ein Rat: Die Blütenblätter sollte man während des Trockenvorgangs mehrmals umlegen, damit sie auf dem feuchten Papier nicht in Fermentation übergehen und dadurch braun werden. Zur Erhaltung der Farbe streicht man am ersten Tag ganz leicht mit einem heißen Bügeleisen über das Löschblatt, das sie bedeckt.

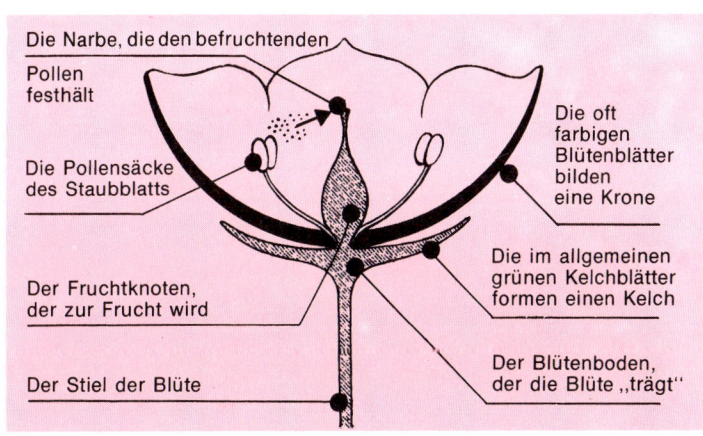

Die Narbe, die den befruchtenden Pollen festhält

Die Pollensäcke des Staubblatts

Der Fruchtknoten, der zur Frucht wird

Der Stiel der Blüte

Die oft farbigen Blütenblätter bilden eine Krone

Die im allgemeinen grünen Kelchblätter formen einen Kelch

Der Blütenboden, der die Blüte „trägt"

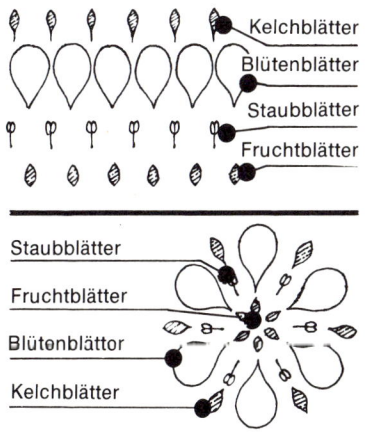

Kelchblätter
Blütenblätter
Staubblätter
Fruchtblätter

Staubblätter
Fruchtblätter
Blütenblättor
Kelchblätter

Die Ulme tritt fast wie ein Vorbote des Waldes vom Waldrand hinaus an den Saum der Wiese. Ihre bescheidenen Blüten öffnen sich nur im Wipfel. Das Foto zeigt zwei von den fast sitzenden rötlichen Büscheln, die jedes fünfzehn bis fünfunddreißig Blüten enthalten. Es sind kugelige Knospen, die sich im Februar, März noch vor den Blättern zu Blüten entwickeln.

Diese Knospen waren den ganzen Winter da und haben auf den Frühling gewartet. Man muß genau hinsehen, um zu entdecken, wie sie auf dem Zweig angeordnet sind. Sie haben sich in einer Blattachsel gebildet. Der Stiel des Blattes, der im Herbst abfiel, hinterließ eine schildförmige Narbe, wie es das Foto einer Kastanienblüte (S. 19) zeigt. Solche Narben lassen sich auch an anderen Zweigen beobachten.

Am Haselnußstrauch suchen wir die kleine runde Knospe mit der feinen roten Troddel, aus der die Nuß entsteht. Die Blüten ohne Krone mit Staubgefäßen sind männliche Kätzchen. Sie hängen hernieder und fallen nach der Befruchtung ab.

Am Rand der Wiese, zum Bach hin, bemerken wir die Knospen der Pappel oder eine Weide auf dem Feld: Wunderschön ihre Kätzchen, die eben seidig aus der Knospe hervorkommen! Eine einzige Schuppe hatte sie eingeschlossen. Erkennen wir das männliche Kätzchen mit den Staubblättern, die reichlich Pollenstaub erzeugen, und das weibliche Kätzchen mit dem Stempel? Letzteres wird später jenen Flaum ergeben, der das Samenkorn über weite Strecken trägt, freilich nicht immer dorthin, wo es keimen kann.

Jetzt ist auch der Zeitpunkt, um Abgüsse von den Knospen zu machen, deren Aufbrechen man verfolgt. Wie das gemacht wird, zeigt die Seite gegenüber.

Diese Ulmenblüten bringen eine Frucht hervor, bei der das Nüßchen von einem breiten, geäderten Flugsaum umgeben ist, der leicht im Winde schwebt.

Kätzchen männlich

Weide

Es gibt männliche Weiden und weibliche Weiden, die verschiedene Knospen tragen. Die männlichen Knospen erscheinen gegen Winterende in Form einer graugrünen Samtkugel; sie wird sich allmählich mit zitterndem Gold bepudern: die Staubgefäße werden länger, erreichen die Reife und bedecken sich mit Pollen.

◀

Noch früher bilden sich die Haselkätzchen: vor Einsetzen des Winters. Die Abbildung zeigt hängende Kätzchen, die männlichen Blüten, und rechts Blütenknospen, die eine aus zwei weiblichen Elementen, den Narben, gebildete rote Troddel tragen. Auf diesen lagert sich der Pollen der männlichen Kätzchen ab, sobald der Wind die Zweige bewegt. Die auf diese Weise befruchtete weib-

▶

liche Blüte bringt die Frucht. Wenn bereits Blätter da wären, würde die Befruchtung durch den Pollen also schwieriger.

weibliche Blütenknospe

männliche Blüten (Kätzchen)

Haselnuß

Die Blütenknospe der Pappel ist klebrig. Die Propolis, von der die Knospe überzogen ist, wird von den Bienen gesammelt und zur Verstärkung des Wachses beim Wabenbau benutzt ...

Abguß einer Knospe

Man darf nicht glauben, daß alle Knospen gleich sind. Es ist interessant, sie zu vergleichen und zu diesem Zweck Abgüsse herzustellen. Man kann sich eine Sammlung davon anlegen.

Diese Arbeit macht man mit Gips, den man in der Drogerie kauft. Man muß ihn in einer gut verschlossenen Metallbüchse aufheben und nur mit einem ganz trockenen Löffel herausnehmen.

Wir bereiten ein Rechteck aus Modelliermasse, das ein wenig größer ist als die gewählte Knospe, die, eben gepflückt, recht fest und noch am Stiel haften soll.

Dieses Rechteck soll 3 cm hoch, gut geglättet und geschmeidig sein. Wir legen die Knospe darauf und drücken sie in der Mitte des Rechtecks tief in die Modelliermasse. Dann hebt man die Knospe vorsichtig heraus: der Abdruck ist sauber und deutlich. Er wird mit Hilfe eines Pinsels leicht eingeölt.

In eine halb mit kaltem Wasser gefüllte Tasse löffelt man so viel Gips ein, daß er die Wasseroberfläche erreicht. Darauf wird er rasch umgerührt, so daß man einen geschmeidigen dicken Brei erhält.

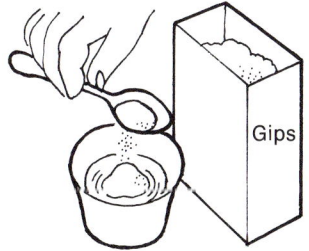

Das Rechteck aus Modelliermasse wird mit einem Kartonstreifen von 5 bis 6 cm Breite umgeben, der Streifen mit Nadeln zusammengehalten. Wir gießen den Gipsbrei hinein und lassen ihn abbinden (1/2—1 Stunde). Wenn der Gips fest geworden ist, braucht man das Rechteck aus Gips nur noch von dem aus Modelliermasse abzuheben und von den Partikeln zu säubern, die vielleicht angeklebt sind.

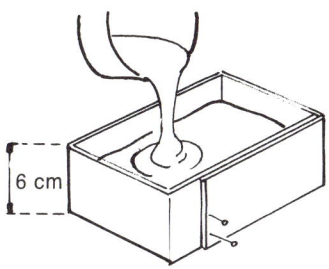

Die Knospe aus Gips bildet ein erhabenes Relief, weil die Form vertieft war. Jetzt können wir die Knospe in den natürlichen Farben anmalen.

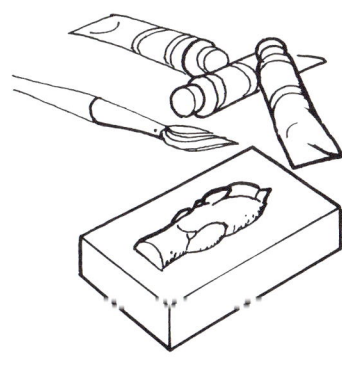

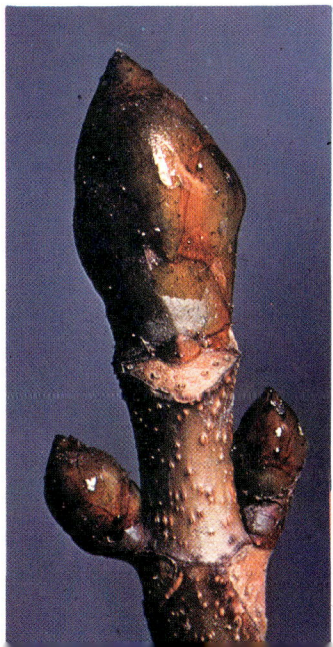

19

Wenn der Winter zu Ende geht, paaren sich die Jahresvögel, und die Zugvögel, die einzeln oder in Gruppen in ihre Geburtsländer zurückkehren, beginnen wie die anderen Vögel mit dem Nestbau, und zwar an den Plätzen, die sie schon in den früheren Jahren benutzt hatten.

Jedes Männchen grenzt sein Gebiet ab, in das andere Männchen seiner Art nicht eindringen dürfen. Grasmücke oder Amsel reservieren sich auf diese Weise mehrere Ar. Ein Eindringling wird schnell mit Schnabelhieben hinausgeworfen, wenn er die Warnungen des Besitzers nicht beachtet. Er errichtet tatsächlich so etwas wie einen Bann aus Liedern um sein Gebiet. An den Grenzen zeigt er mit seinem Gesang den ganzen Tag über an, daß er allein hier wohnt. Beim Rotkehlchen wissen wir genau, daß die Artgenossen sich peinlich gewissenhaft an die Grenzen halten.

Die Vögel und ihre Nester

Wenn der Nistplatz erst einmal gewählt ist, muß das Weibchen veranlaßt werden, eine Familie zu gründen. Dazu macht das Männchen ihr den Hof. Die lebhaften Farben des Gefieders beeinflussen das Weibchen. Der Fink breitet seine weiß gebänderten Flügel aus. Die Schafstelze richtet sich auf und zeigt ihren goldenen Bauch.

Nun sind die meisten Vögel dabei, ein Nest zu bauen, und meistens ist es das Weibchen, das die Arbeit allein übernimmt. Das Stieglitzweibchen befördert kleinere Reiser, Flaum von Kätzchen und Pflanzen, während sich das Männchen damit begnügt, das Weibchen auf jedem Flug zu begleiten. Die Dauer der Bautätigkeit hängt vom Gewicht des Palastes ab. Die Schwanzmeise braucht mehrere Wochen, um fast 2000 Federn zu suchen und zusammenzufügen!

Das Eierlegen beginnt im allgemeinen an dem Tag, nach dem das Nest fertig geworden ist. Die meisten Sperlingsvögel legen täglich ein Ei und hören oft bei fünf auf, während die Meisen 6–12 Eier in ein Nest legen. Die jungen Weibchen legen weniger Eier als die älteren. Es spielt auch eine Rolle, ob es reichlich Nahrung gibt. Eulen legen etwa 6–8 Eier, wenn sie in einem Gebiet leben, wo viele Nager als Beute vorhanden sind, während es andernfalls nur 3–4 sind.

Wenn das Gelege vollzählig ist, brütet bei den Sperlingsvögeln das Weibchen, normalerweise abgelöst von dem Gefährten. Das Weibchen kehrt regelmäßig auf die Eier zurück.

Junge Stieglitze

Die Eltern finden das Nest immer und halten es sauber. Der Kot der Jungen bildet im allgemeinen einen weißlichen Klumpen, denn er ist in einer gelatineartigen Umhüllung enthalten. Die Eltern tragen diese weg und lassen sie ein ganzes Stück vom Nest entfernt fallen. Bei den Stieglitzen und Schwalben ist es leider nicht so.

Die meisten Nester werden verlassen, wenn die Jungen flügge werden. Allerdings gibt es einige Sonderlinge, die ihr Haus nicht verlassen. Der Sperling kehrt jeden Abend in seinen formlosen Haufen von Stroh und Federn unter das Scheunendach zurück. Der Steinkauz schläft das ganze Jahr in der Höhlung des Apfelbaumes, wo er seine Eier gelegt hat. Das Weibchen brütet vom ersten Ei an, das dann auch als erstes schlüpft.

Nichts anfassen!

Bei Nestern und Eiern stehen wir vor dem Geheimnis des Lebens. Wir müssen das Verhalten der Eltern respektieren: einige halten die Jungen nach dem Schlüpfen im Nest warm und füttern sie (Nesthocker); andere, die gar nicht weit von ihnen entfernt sind, machen die Jungen auf Gefahren aufmerksam, wenn diese das Nest sehr bald nach dem Schlüpfen verlassen (Nestflüchter). Wir gehen nicht zu nahe heran und fassen nichts an.

Es gibt schon so viele Unfälle und natürliche Räuber, die den Jungen das Leben erschweren! Wir wollen also nicht auch noch zu den Schwierigkeiten beitragen! Ein mißtrauisch oder ängstlich gewordener Vogel läßt häufig das Nest im Stich, dem man sich genähert und das man untersucht hat. Zuviel menschliche Neugier bringt die Jungen um.

Junge Rotkehlchen

Die *Heckenbraunelle,* 15 cm, sehr bekannt, ähnelt dem Sperling, doch Brust und Bauch sind blei-grau, und der Schnabel ist länger und feiner.

Der *Grünling,* 15 cm, hat viel Gelb in seinem grünen Gewand: Bürzel, Flügelstreifen und Schwanz. Das Weibchen mehr in Grau und Braun gefärbt, brütet allein.

Alltags-
kleider
und
Fest-
gewänder

Männchen und Weibchen des *Stieglitz,* 12 cm, sind gleich ge-zeichnet: auffallend schwarz-weiß-roter Kopf, schwarze Flügel mit gelben Binden, Rücken braun und Seiten der Brust weißlich. Sie fressen gern Distelsamen.

Der männliche *Sperling* zeich-net sich durch kastanienbraunen Nacken, weißlichgraue Wangen und ebensolche Gesichtsunter-partie aus. Verfolgungsflüge und zänkisch klingendes Schilpen sind Hochzeitsvorbereitungen. Beide Eltern brüten. Dies ist ein Feld-sperling, zu erkennen am braunen Scheitel und am abgesetzten Wan-genfleck.

Der männliche *Buchfink,* 15 cm, ist weit bunter als seine Gefährtin: Unterseite rötlichbraun, Scheitel schieferblau, schwarze Flügel mit doppelter weißer Binde, Bürzel grünlich. Das Weibchen ist grün-lichbraun.

Das *Rotkehlchen,* 14 cm, Brust und Stirn satt orangerot, singt fast das ganze Jahr seine melodischen Triller. Gegen Winterende grenzt das Männchen sein Territorium ab. Das Weibchen brütet allein in ei-nem gut versteckten Nest.

Die *Mauersegler,* 17 cm, Weib-chen und Männchen rußschwärz-lich mit weißlicher Kehle. Die Flü-gel sind sichelförmig und ragen weit über den Schwanz hinaus.

Hier einige Sperlingsvögel, häu-fige Gäste der Wiese, in ihren bun-ten Kleidern. Männchen und Weibchen ähneln sich bei vielen dieser Arten, selbst wenn das Weibchen ein wenig glanzloser aussieht. Doch im Augenblick der Hochzeit wird das Gefieder der Männchen gewöhnlich noch prächtiger. Das nennt man „Hoch-zeitsgefieder''.

So lenken sie die Aufmerksam-keit ihrer zukünftigen Gefährtin noch besser auf sich, um so mehr als zu diesen lebhaften Farben noch der lebhaftere und lautere Gesang, Flugspiele und kleine Ge-schenke kommen, eine fette Raupe beispielsweise, ein kleiner Zweig für das Nest: das ist die Balz.

Die jungen Sperlingsvögel sind beim Ausschlüpfen völlig nackt bis auf ein wenig Flaum auf dem Rük-ken. Die ersten Federn, die ihnen wachsen, sind in der Färbung fast immer denen der Mutter ähnlich. Schnabel und Beine wechseln manchmal beim Heranwachsen ebenfalls die Farbe.

Die *Blaumeise*, 11 cm, verdient ihren Namen: Scheitel, Flügel und Schwanz sind kobaltblau gefärbt. Bei den Erwachsenen sind die Wangen weiß, bei den Jungen gelb.

Die *Schwanzmeise*, 14 cm einschließlich des fast 8 cm langen Schwanzes, hat einen weißen Kopf mit schwärzlichen Streifen über den Augen. Die Oberseite ist rötlich und schwarz gemischt, die Unterseite weißlich. Das Nest wird aus Moos gebaut und ist geschlossen eiförmig. Man sagt, daß es oft mit über tausend Federn ausgepolstert ist!

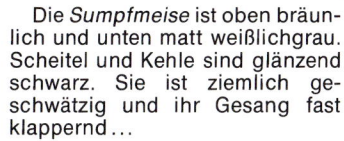

Die *Sumpfmeise* ist oben bräunlich und unten matt weißlichgrau. Scheitel und Kehle sind glänzend schwarz. Sie ist ziemlich geschwätzig und ihr Gesang fast klappernd...

Der *Zaunkönig*, ein kleiner Vogel von 9 cm, der 9 g wiegt und überall zu Hause ist. Das Männchen, das dem Weibchen gleicht, baut mehrere Nester, Kugeln aus Moos, an der Seite offen. Das Weibchen polstert das Nest, das ihm am besten zusagt, mit Blättern und Federn aus.

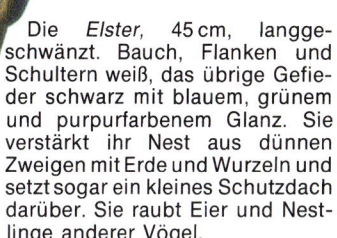

Die *Elster*, 45 cm, langgeschwänzt. Bauch, Flanken und Schultern weiß, das übrige Gefieder schwarz mit blauem, grünem und purpurfarbenem Glanz. Sie verstärkt ihr Nest aus dünnen Zweigen mit Erde und Wurzeln und setzt sogar ein kleines Schutzdach darüber. Sie raubt Eier und Nestlinge anderer Vögel.

Die *Kohlmeise* ist graugrün, graublau, doch Kopf, Hals und ein Längsband auf der Bauchmitte sind von schönem Kohlschwarz. Wangen weiß, Bauch gelb. Ihr Gesang ist leicht zu erkennen: zizibeh, zizibeh...

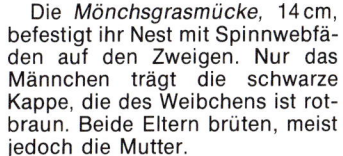

Die *Mönchsgrasmücke*, 14 cm, befestigt ihr Nest mit Spinnwebfäden auf den Zweigen. Nur das Männchen trägt die schwarze Kappe, die des Weibchens ist rotbraun. Beide Eltern brüten, meist jedoch die Mutter.

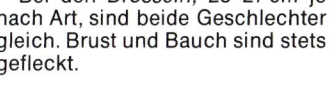

Bei den *Drosseln*, 25–27 cm je nach Art, sind beide Geschlechter gleich. Brust und Bauch sind stets gefleckt.

Die männliche *Amsel*, 25 cm, pechschwarzes Gefieder und gelber Schnabel. Das Amselmännchen unterscheidet sich vom Weibchen. Dieses ist oben einfarbig braun, unten heller, die Kehle gefleckt, der Schnabel braun. Die Jungen ähneln der Mutter, sind jedoch noch heller. Das erwachsene Männchen flötet seine Strophen vom Januar an.

23

Wie der Kuckuck, aber ein wenig vorher, sind die Schwalben aus dem tropischen Afrika zurückgekehrt und jagen über den Himmel. Sie ernähren sich im Fluge: Fliegen, Mücken, Schnaken, alles wird geschluckt. Bald erkennen wir die Nester der Schwalben, wie eine Schalenhälfte aus Lehm gemauert, mit Federn, Halmen und Pferdehaaren versehen, an die Balken der alten Scheune geklebt, denn die Rauchschwalben nisten im Innern von Häusern. Ihr Zwitschern ist lebhaft und vielfältig.

Wer das Nest der Schwalbe ausmessen will, muß schon bis zum Herbst warten, wenn die Vögel weggeflogen sind. Im übrigen ist immer genau darauf zu achten, daß auch eine mögliche zweite Brut endgültig ausgeflogen ist. Erst dann nimmt der echte Naturfreund ein Nest des Rotkehlchens oder der Bachstelze (Jahresnester) herunter, um es genau zu betrachten.

Ein Nest, das wir gefunden haben und aufheben wollen, desinfizieren wir mit Alkohol. Wir lassen es trocknen, können es in einem Beutel aufbewahren mit einer Aufschrift über Ort und Datum des Fundes und einer Skizze von der Art seiner Befestigung.

Künstliche Nistkästen werden von Ende Februar an aufgehängt. Sie vorzubereiten ist eine gute Winterbeschäftigung.

Kuckuck

Ein Frühlingstag. Die Sonne ruft uns hinaus.

Von fern klingt es: Kuckuck! Kuckuck! Doch den Vogel, der seinen doppelten Ruf erschallen läßt, werden wir auf der Wiese nicht aufspüren. Zehn Tage lang singt er, aber das geschieht mitten im Wald. Dort hat er sein Reich. Er lebt nicht am Waldrand, wo Wald und Wiese ineinander übergehen, deshalb können wir nur festhalten: *Kuckuck, gehört am 20. April, 8.30 Uhr.* Der Kuckuck hat übrigens einmal einen berühmten Zuhörer gehabt: den Komponisten Beethoven. In seiner „Pastoralsinfonie" hat er den Ruf des Kuckucks in den Klängen der Klarinette verarbeitet.

Ein guter Beobachtungsplatz ist am Bachrand. Da sitzen zwei „Wippsterte" – das ist nichts Ungewöhnliches, diese Bachstelzen sieht man oft in Paaren. Dicht am Wasser, das leise plätschert, laufen sie mit raschen Schritten dahin, wippen mit dem Schwanz – daher der Name – die Vögel sind scheu und immer aufmerksam.

Beim Weibchen sind das Schwarz und Weiß des Federschmucks nicht ganz so ausgeprägt wie beim Männchen. Eben steht das Weibchen auf einem großen Stein im Bach und scheint sich in dem ruhigen Wasser zu spiegeln. Plötzlich reißt es ein Stück Moos vom Ufer ab und fliegt davon. Das Männchen, einen kleinen Zweig im Schnabel, folgt ihm in Richtung Scheune. So ist es: sie sind ein Brautpaar und wollen sich ein weiches Nest machen. Bald werden fünf orangegelbe Schnäbel ungeduldig auf ihr Insektenfutter warten.

Diese „Wäscherinnen", wie man die Bachstelzen in Frankreich gerne nennt, findet man im Sommer vor allem in der Nähe der Kühe und der zwei, drei Schafe, die auf der Wiese weiden: so viele Insekten schwirren um das Vieh! Wenn der Herbst kommt, ziehen die Bachstelzen in kleinen Schwärmen in den Süden, nach Afrika, nach Asien...

Noch viele andere Vögel lassen sich im Frühjahr beobachten, besonders jene, die das ganze Jahr bei uns bleiben: die Amseln und die Drosseln, der Buchfink, das zutrauliche Rotkehlchen, der Stieglitz, der Dompfaff und natürlich die Schreihälse von Sperlingen, die in den Bäumen lärmen. Die Mönchsgrasmücken wählen ihre Behausung in den Brombeerbüschen und Sträuchern am Feldrain, wo auch der winzige Zaunkönig umherstöbert.

Im Frühling sind schwarze Kappe und schwarzes Halstuch unerläßlich für die Bachstelze, denn sie sind ihr Hochzeitsgewand. Im Herbst begnügt sie sich mit einem schwarzen Halbmond auf der weißen Brust.

Die Regengüsse des Frühlings haben die Quellen und den Bach auf der Wiese anschwellen lassen.

Wer bist Du, hübscher Vogel?

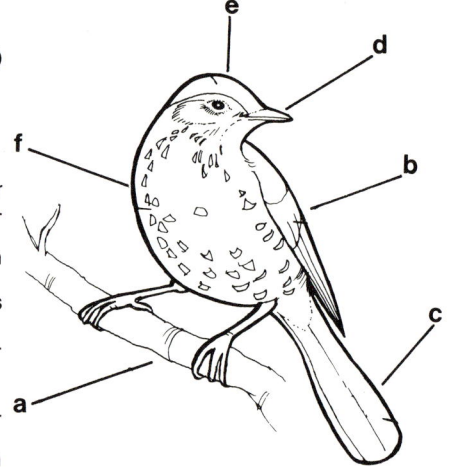

Um die Vögel zu erkennen, muß man sie in der Natur beobachten und ein Handbuch zu Rate ziehen.

Jeder Vogel hat seine Hauptkennzeichen, die man rasch an Ort und Stelle aufzeichnen muß.

Es ist deshalb nützlich, diese Zeichnung auf mehrere Seiten des „Forschungsheftes" zu kopieren. Wir setzen die Bezugsbuchstaben daneben und schreiben dort die Beobachtungen ein. Es sind die wichtigsten Punkte, mit denen man einen Vogel identifizieren kann.

a) Ist der Vogel kleiner, größer oder ebenso groß wie ein Sperling?
b) Sind die Flügel mit Querbinden oder Längsstreifen versehen?
c) Farbe, Muster und Größe des Schwanzes?
d) Farbe und Form des Schnabels?
e) Ist der Kopf gezeichnet? Von welcher Form und in welchen Farben? Weist das Auge einen weißen Augenstreifen auf?
f) Farbe und Form der Zeichnung des Brustgefieders?

Wie benutzt man ein Handbuch über Vögel?

Mit den bisherigen Auskünften kann man in einem in Farben illustrierten Führer (Liste S. 110) in der Schulbibliothek oder in der Volksbücherei die Familie des beobachteten Vogels wiederfinden.

„Wie macht man das?" lautet der Einwand. „Diese wissenschaftlichen Bücher sind so kompliziert, und es gibt 10000 verschiedene Vogelarten..."

Die Vögel, die man auf der Wiese wahrscheinlich am häufigsten sieht, gehören fast alle zur Ordnung der Sperlingsvögel. Wir müssen also in diesem Teil des Führers oder Taschenbuchs zuerst suchen. Aber darin sind auch solche aus der Ordnung der Spechtartigen oder der Ordnung der Greifvögel zu identifizieren.

Die Ordnung der Sperlingsvögel umfaßt 70 Familien, gewiß aber wenn wir im Handbuch blättern, können wir – nach den Bildern und nach den Notizen auf den Skiz-

zen – genau feststellen, zu welcher Familie der beobachtete Vogel gehört.

Der Name des Vogels wird in allen Werken lateinisch (Gattung und Art) und in der Landessprache angegeben. Nehmen wir den Grünspecht als Beispiel, den man häufig über die Wiesen fliegen sieht. Im Führer lesen wir etwa:

GRÜNSPECHT, *Picus viridis*, L. *Familie:* Spechte, *Picidae.* *Ordnung:* Spechtartige.

Der Buchstabe (L.), hinter den wissenschaftlichen Namen gesetzt, ist der Anfangsbuchstabe des Gelehrten, der den Vogel wissenschaftlich beschrieben hat. Hier handelt es sich um Linné.

Der Führer gibt eine Beschreibung mit vielen Einzelheiten, die man mit denen vergleicht, die man selbst in der Natur bei der Beobachtung dieses Vogels festgestellt hat.

Wie legt man eine Mappe über die Vögel an?

Man nimmt Zeichenpapier. Aus einem Bogen im Format DIN A2 (420 × 594 mm) lassen sich acht Blätter herstellen. Man kann natürlich auch ein fertiges Zeichenheft benutzen. Einzelne Blätter, gelocht, in einem Ringbuch untergebracht oder in einem hübschen Umschlag mit einer Schnur zusammengebunden, erlauben es, die Ordnung jederzeit zu ändern und eine alphabetische Reihenfolge beizubehalten.

Auf diese Blätter klebt man die Abbildungen, entnommen vielleicht aus einer der Sammlungen von Klebebildern in der Schulbibliothek oder aus einer Illustrierten. Dazu kommen eigene Skizzen.

Daneben oder darunter setzt man die Beschreibung. Als Beispiel geben wir hier die des Grünspechts.

Jeder fügt hinzu, was ihn selbst besonders interessiert, beispielsweise ein Größen- und Farbvergleich des Männchens mit dem Weibchen und den Jungen, ihre Gewohnheiten, ihr Gesang oder Ruf, Zahl und Farbe der Eier, auch die Umstände, unter denen man dem Vogel begegnet ist.

ORDNUNG: SPECHTARTIGE
Familie: Spechte, *Picidae.*
Art: Grünspecht, *Picus viridis, L.*

Kennzeichen: Gesamtlänge 31 cm; Beine kurz; Schnabel lang und spitz. Gefieder grün, Bürzel gelb, Scheitel rot. Männchen mit rotem, schwarz eingefaßtem Bartstreifen; Weibchen mit ganz schwarzem Bartstreifen.

Stimme: Sehr laut, wie ein Lachen: kiakiakiakiakia.

Vorkommen: Ganzjährig in Parkanlagen, Laubwäldern, offenen Kulturlandschaften mit zerstreuten Baumgruppen. In den Gebirgen bis zu 1700 m Höhe.

Verhalten: Klettert an Bäumen, wobei er sich auf den Schwanz stützt. Trommelt manchmal auf die Baumrinde, um die Insekten hervorzulocken. Sucht sich Ameisen auf Wiesen (Ameisen bilden 90% seiner Nahrung). Im Winter gräbt er Ameisenhaufen am Fuß auf, um die Ameisenlarven fressen zu können.

Nest: Der Grünspecht meißelt innerhalb von zwei Wochen mit dem Schnabel in einem Baumstamm eine Höhle von 30 bis 40 cm Tiefe und einer Öffnung von etwa 3 cm Durchmesser. Die 5 bis 8 weißen Eier werden im April/Mai von beiden Eltern 14 Tage lang bebrütet. Die Jungen werden mit ungefähr 3 Wochen flügge, leben jedoch nach dem ersten Abflug noch ebensolange bei den Eltern.

Beobachtungen: Obwohl der Grünspecht die Bäume ein wenig beschädigt, sind er und alle Spechte wegen der vielen Insekten, die sie verzehren, geschützt. Im Winter kann man ihnen aus Fett und Körnern Futtertafeln zubereiten. Gesehen am 19. April am Waldrand oberhalb der Wiese. Am 16. Juni, an einem alten Stamm vor der Hecke. Am 3. November mehrmals auf dem Ameisenhaufen der Wiese ...

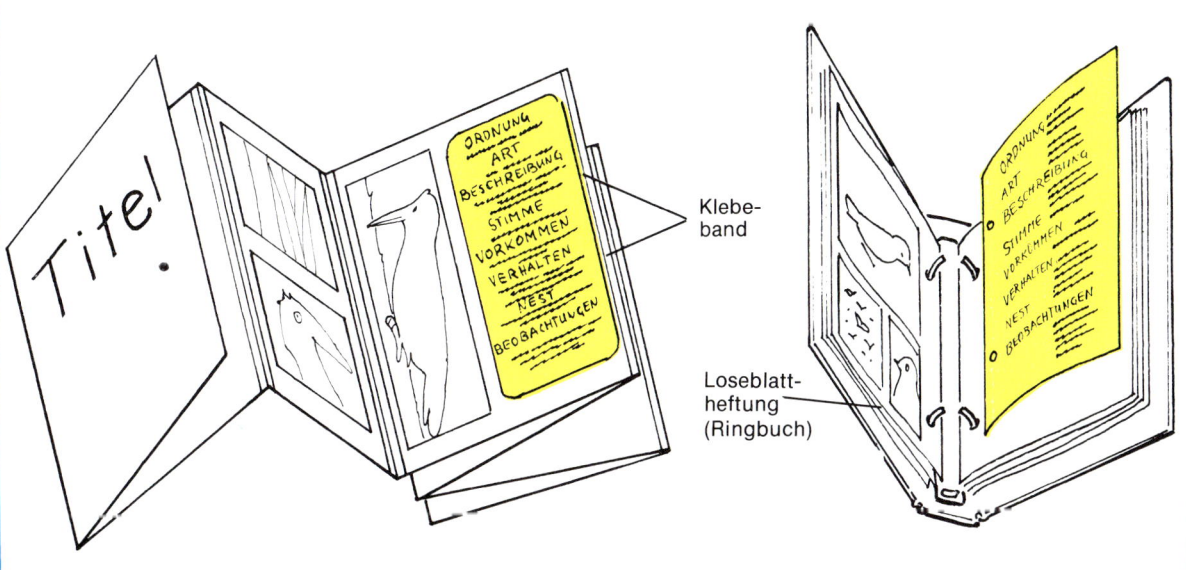

Klebeband

Loseblattheftung (Ringbuch)

Skizzen von Vögeln

Man kann in der Natur eine rasche Skizze von einem Vogel zeichnen. Wer zum Beobachten ausgeht, wird am besten immer ein Zeichenheft mit einem Stück Pappe als Unterlage mitnehmen.

Man beginnt mit der Form eines Eies, einem mehr oder weniger länglichen Oval für den Körper, entsprechend der Form des Vogels, den man beobachtet hat. Ein zweites Oval für den Kopf, mehr oder weniger nahe an dem ersten, das ist wichtig, denn das zeigt die Länge des Halses und die Art an, wie der Kopf getragen wird. Manche Vögel scheinen überhaupt keinen Hals zu haben.

Zwei, drei Striche für den Schwanz. Man muß ihn genauso einpflanzen, wie der Vogel ihn trägt, aufgerichtet, waagerecht oder abwärts, denn das gehört zu den Merkmalen des Vogels. Ein Strich für die Beine und – falls man sie sehen konnte – die Zehen.

Ein kleines Dreieck als Schnabel, kurz oder länglich, dick oder fein, vielleicht gekrümmt. Nach dieser ersten Skizze (Nr. 1) fertigt man eine zweite, vollkommenere an (Nr. 2), bei der man auch die Zeichnung und Fotos aus dem Führer zu Rate zieht. Schließlich malt man dieses „Porträt" mit möglichst genauen Farben aus.

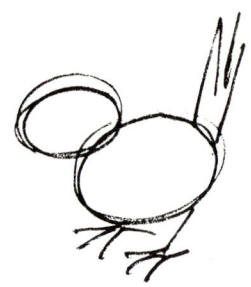

Vogelspaß an Regentagen

Das Beobachten der Vögel kann zu lustigen Bastelarbeiten anregen, wenn man das Verhalten der flüchtigen Modelle nacharbeitet, die man beobachtet hat. Zunächst schneidet man aus kräftigem Papier die hier dargestellten Elemente aus:

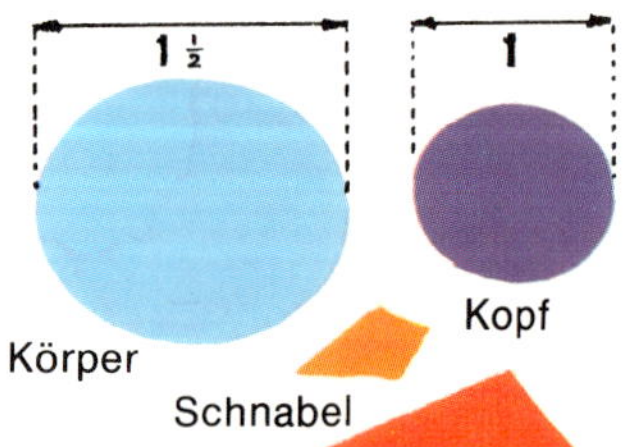

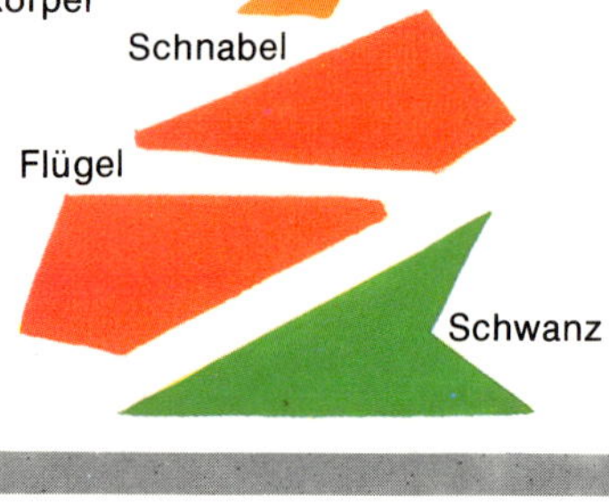

1 ½ — Körper
1 — Kopf
Schnabel
Flügel
Schwanz

Aus diesen Einzelteilen kann man ganz verschiedene Vögel zusammenstellen. Mit Stift und Farbe kann man das Ergebnis verschönern; entweder richtet man sich nach der Natur, oder man läßt der Phantasie freien Lauf.

Fügt man zu diesen bunten Vögeln noch Blütenelemente hinzu, entweder gemalte oder Trockenblumen, dann entstehen hübsche Bilder oder schmückende Friese fürs Zimmer oder als ganz persönliche Geschenke.

1

Rotkehlchen

2 — rot

1

Zaunkönig 2

1

weiß

blauschwarz

Elster

2

Im Wiesenbach gibt es selbst dort, wo er in einer Biegung träger und breit wird, keine Krötenhochzeit: diese warzigen Froschlurche gehen zur Fortpflanzung in Teiche und legen dazu manchmal bis zu drei, vier Kilometer zurück. Aber der Kammolch schlängelt hier seinen Schwanz. Und am Ufer hüpft der bräunliche Springfrosch den ganzen Tag hin und her, um sich Insekten, Würmer und Larven als Nahrung zu suchen.

Ein Paar Erdkröten auf dem Weg zum Teich, wo das Weibchen seine Eierschnur legen wird. Das Tier wickelt die Schnüre um Wasserpflanzen. Die Kaulquappen erreichen – mit Schwanz – eine Länge von 2 bis 3 cm, während die jungen Kröten nur 1 cm messen. Sie begeben sich im Juli auf festen Boden.

Habt ihr gewußt, daß die Kröte nicht mit dem Maul trinkt, sondern durch die Haut?

EIN VERSTECK

Das ist die Trapper-Schutzhütte, der kleine persönliche Unterschlupf. Bevor man dort den Arbeitsplatz bezieht, muß man den Vögeln Zeit lassen, sich an diesen ungewohnten Gegenstand zu gewöhnen, der da im Laub entstanden ist.

Die dreieckige Hütte wird mit einer Stange begonnen, die sich an einen Ast lehnt oder mit einer Schnur, die von einem Ast zu einem Pflock im Boden gespannt wird. In Abständen werden immer kürzere Stangen daran gestellt. Die Größe wird so geplant, daß man mindestens kriechend hineinkommt. Elastische Zweige werden quer zwischen die Stangen geflochten und die Zwischenräume mit Farnwedeln, belaubten Zweigen und langen Gräsern bedeckt.

Wenn man sich die Stangen aus dem Wald besorgt, sollte man sich vorher überzeugen, daß der Eigentümer nichts dagegen hat. Zweige als Geflecht sind sorgfältig abzuschneiden, nicht einfach wild abzureißen.

Man kann statt dessen auch eine grün gemusterte Tarnzeltbahn, mit einigen belaubten Zweigen besteckt, verwenden. Wer dann das Auge an ein Loch legt oder das Objektiv der Kamera durch einen kleinen Riß schiebt, sieht und fotografiert ebensogut wie unter Farnwedeln. Aber wahrscheinlich macht es mehr Spaß, sich selbst eine Hütte zu bauen!

Als Ort für den Sichtschutz wählt man am besten einen Platz am Waldrand oder eine breite Hecke. Und wenn der Unterschlupf fertig ist, schleicht man mit allen Listen der Siouxindianer hinein. Und beim Heimweg ebenso!

Von Mitte April an können wir mit dem Kescher die Quappen von Fröschen und Molchen fangen, deren Aufzucht eine sehr spannende Sache ist.

Keine Angst, wenn in der Nähe der alten verkrüppelten Korbweide mit dem hohlen Stamm und den sichtbaren Wurzeln *Natrix natrix*, die schöne Ringelnatter, auftaucht! Die ungefährliche Schlange, zusammengerollt in der Sonne liegend, züngelt plötzlich mit der gespaltenen Zunge nach links und nach rechts, beunruhigt von dem, was sich da bewegt. Sie streckt sich und gleitet ins Wasser. Schwimmend durchquert sie den Bach mit geschmeidigen Bewegungen, wobei sie den Kopf fast immer über dem Wasser hält.

Die starken Regenfälle im April haben alles gereinigt, und die kräftige Sonne im Mai weckt alle Gerüche und Düfte der Erde. Bald ist Sommer!

Die Ringelnatter (Natrix natrix lautet ihr wissenschaftlicher Name) besitzt kein Gift. Sie ist schön mit ihrem schlanken, geschmeidigen Körper von 80 cm Länge, der schwarzen und runden Pupille (während die der Viper oder Otter senkrecht steht).

Das lidlose Auge ist eindrucksvoll, wenn sich die Pupille erweitert, beispielsweise, wenn die Natter ein Beutetier mit dem Blick verfolgt.

Der lebendige Winkel

Jetzt wird es Zeit, sich dafür zu rüsten, kleine Tiere zu halten, die viel Freude und Überraschungen bringen und die neue Erfahrungen und Kenntnisse über das Leben und Verhalten bestimmter Tiere vermitteln.

Das *Vivarium* kann bestehen aus dem *Aquarium* für die im Wasser lebenden Tiere, dem *Paludarium* für Erdbewohner, die ein wenig Wasser und Feuchtigkeit brauchen, und dem *Terrarium* für Tiere, die auf dem Trockenen leben.

Weckgläser mit großen Öffnungen können brauchbar sein, manchmal auch Marmeladengläser: vor allem erlauben sie, kleine Fleischfresser allein zu halten. Aber ideal ist es, wenn man Glasgefäße von 4 bis 5 Litern hat, in der Art der kleinen Aquarien, die man im Handel zu kaufen bekommt. Ein beschädigtes Aquarium kann zum Paludarium werden, wenn der Boden noch dicht ist, oder zum Terrarium, wenn das nicht mehr der Fall sein sollte.

Die Gefäße müssen zugedeckt werden, damit die Bewohner nicht herauskönnen: Fliegengaze, über einen gut passenden Holzrahmen gespannt, läßt nur Luft durch.

Das Aquarium im Frühling

Wir belegen den Boden mit einer Schicht grobem Sand, der *gut gewaschen* sein muß. Einige schöne Steine und Wasserpflanzen bilden einen harmonischen Schmuck. Die Steine legt man nicht dicht an die Wand. Manche Tiere könnten sich festklemmen und dann nicht wieder von selbst loskommen. Die Pflanzen ersetzen tagsüber den im Wasser gelösten Sauerstoff, den die Fische aufnehmen. Zu diesem Zweck stellt man das Aquarium an ein Fenster, aber nicht in die Sonne, die das Wasser erwärmen würde. Die Pflanzen dienen manchen Aquariengästen auch als Nahrung.

Wir nehmen ein paar zarte Myriophyllen (Tausendblatt), ein paar Wasserlinsen und Stengel von Kresse, die man in langsam fließenden Bächen, in einem See oder einem Teich findet; aber nicht zuviel! Die Pflanzen bleiben im Aquarium an Ort und Stelle, wenn man sie mit einem an einem Bastfaden befestigten Kieselstein beschwert. Man kann sie auch frei herumschwimmen lassen. Sie werden ausgewechselt, wenn sie beschädigt sind oder das Wasser verderben. Jede Pflanze wird vorher gewaschen, damit sie keine Parasiten ins Aquarium bringt, die unsern Gästen schaden könnten. Wenn man das unterläßt, tauchen möglicherweise unerwartete Be-

Der kleine Frosch (rechts im Bild) ist schon drei Monate alt, während die Kaulquappen zwei Monate und mehr alt sind. Wer die recht raschen Verwandlungen schneller erleben will, stellt das Aquarium ins volle Licht und bietet diesen Gästen geschabte Leber an.

sucher auf, die vielleicht ganz interessant, aber manchmal auch gefährlich für die anderen sind.

Das Wasser wird regelmäßig und häufig gewechselt; damit die Pflanzen nicht durcheinandergeraten, gießt man es an einer Glaswand herunter. Es kann Leitungswasser sein, wenn das nicht zu stark gechlort ist. Aber es muß Zimmertemperatur haben; deshalb läßt man es erst eine Weile in einem Eimer oder Krug stehen. Der Austausch erfolgt alle zwei, drei Tage: man schöpft zwei Drittel des Inhalts mit einem kleinen Topf heraus. Dabei ist zu beachten, daß man die Bewohner oder ihre Eier nicht mitschöpft. Exkremente entfernt man mit Hilfe einer Pipette. Schließlich gießt man das frische Wasser hinein.

Die Aquarienwände bürstet man mit einer alten Zahnbürste ab, um die Algen zu entfernen, die das Glas grün machen. Doch ist es gut, wenn man die hintere Wand grün läßt, mindestens wenn man Fischbrut oder junge Kaulquappen im Aquarium hat: die Algen bilden ihre erste Nahrung. Wasserschnecken, wie Schlamm- und Posthornschnecken, können ebenfalls an der Säuberung teilnehmen, da sie die Algen abweiden.

Futter gibt man immer nur wenig auf einmal, damit es nicht das Wasser im Gefäß verdirbt.

Die Bewohner

Die Larven der Libellen messen etwa 3 cm und leben im Wasser. Sie nehmen den Sauerstoff mit Hilfe von Eingeweidekiemen auf und können einige Tage außerhalb des Wassers bleiben. Sie behalten dann im geschlossenen Enddarm eine kleine Wasserreserve, die ihnen den notwendigen Sauerstoff liefert.

Wenn man eine solche Larve mit einem Halm stört, schießt sie wie eine Rakete im Wasser nach oben; mit jähem Zusammenziehen hat sie das Wasser aus dem Enddarm herausgedrückt, wodurch sie nach vorn getrieben wird.

Ihre Entwicklung dauert sehr lange: 3 Jahre! Wer die Gelegenheit hat, eine Larve kurz vor der Verwandlung in eine Libelle zu fangen, sieht vor seinen Augen das erstaunliche Schauspiel, daß das schöne Insekt das Wasser verläßt und sich ins Freie begibt, vorausgesetzt, daß es eine Pflanze findet, die für das Hinaufklettern lang genug ist (vgl. S. 37).

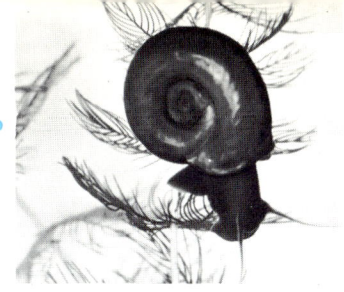

Die Kaulquappen, die man im Bach fangen kann, sind die des Laubfrosches oder des Wasserfrosches: letztere brauchen viel Sauerstoff, deshalb muß das Aquarium ziemlich groß sein.

Am Laich des Wasserfrosches (in durchscheinend gelatineartiger Masse an der Wasseroberfläche oder in den Pflanzen nahe am Ufer) kann man die rasche Verwandlung der Eier in Kaulquappen und die Metamorphosen besser verfolgen.

Während der ersten 2–3 Wochen weiden die Kaulquappen die Algen der Aquarienwände und die Ränder der Kresseblätter ab. Man kann sie auch mit Salatblättern füttern, die man zerdrückt hat, dann mit kleinen Stücken von Regenwürmern (vgl. S. 36).

Mit dem Maul hängen sie an den Pflanzen, während sich der Schwanz hin und her bewegt. Die Kaulquappen des Laubfrosches erkennt man an dem sehr spitzen Schwanz. Zuerst sind sie ganz schwarz und werden dann ein wenig golden.

Die Hinterbeine erscheinen zuerst, dann die vorderen. Danach muß man die Kaulquappen behutsam ins Paludarium umsetzen.

Junge Salamander, die 2,5–3 cm messen, können mit dem Kescher aufgenommen werden. Sie kommen nicht aus Eiern, sondern sind lebendig im Bach zur Welt gebracht worden. Von den Molchen können wir sie an dem zylindrischen Schwanz unterscheiden. Man muß sie einzeln befördern, zum Beispiel in einem Marmeladeglas, da sie sehr gefräßig sind – sie fressen sich auch gegenseitig. Futter: Schlammfliegenlarven oder Stückchen von Regenwürmern, die man an einem Strohhalm reicht. Sobald die Kiemen, die in einem Büschel an den Seiten des Kopfes liegen, verschwinden und die gelben Flecken erscheinen, sind sie nicht mehr ausschließlich aufs Wasser angewiesen. Man muß den Wasserspiegel senken und auf den Boden des Einzelglases einen großen Kieselstein legen, damit sie das Wasser verlassen können.

Sobald sie ausgewachsen sind, werden sie friedlich und können mit Molchen und Fröschen zusammen leben.

Die Tellerschnecken erkennt man an ihrem Schneckenhaus, dessen Spirale in einer Ebene liegt. Die Tellerschnecken leben in stehenden Gewässern, atmen jedoch mit einer Lunge und steigen von Zeit zu Zeit an die Oberfläche empor, um Luft zu schöpfen.

Wie viele seltsame Einzelheiten in einer kleinen Wasserschnecke! Im Aquarium können wir durch die transparente Schale erkennen, daß ihr Herz 40 Schläge in der Minute macht. Sie begnügt sich nicht mit einer hornigen Reibzunge, sondern besitzt 3 Kiefer!

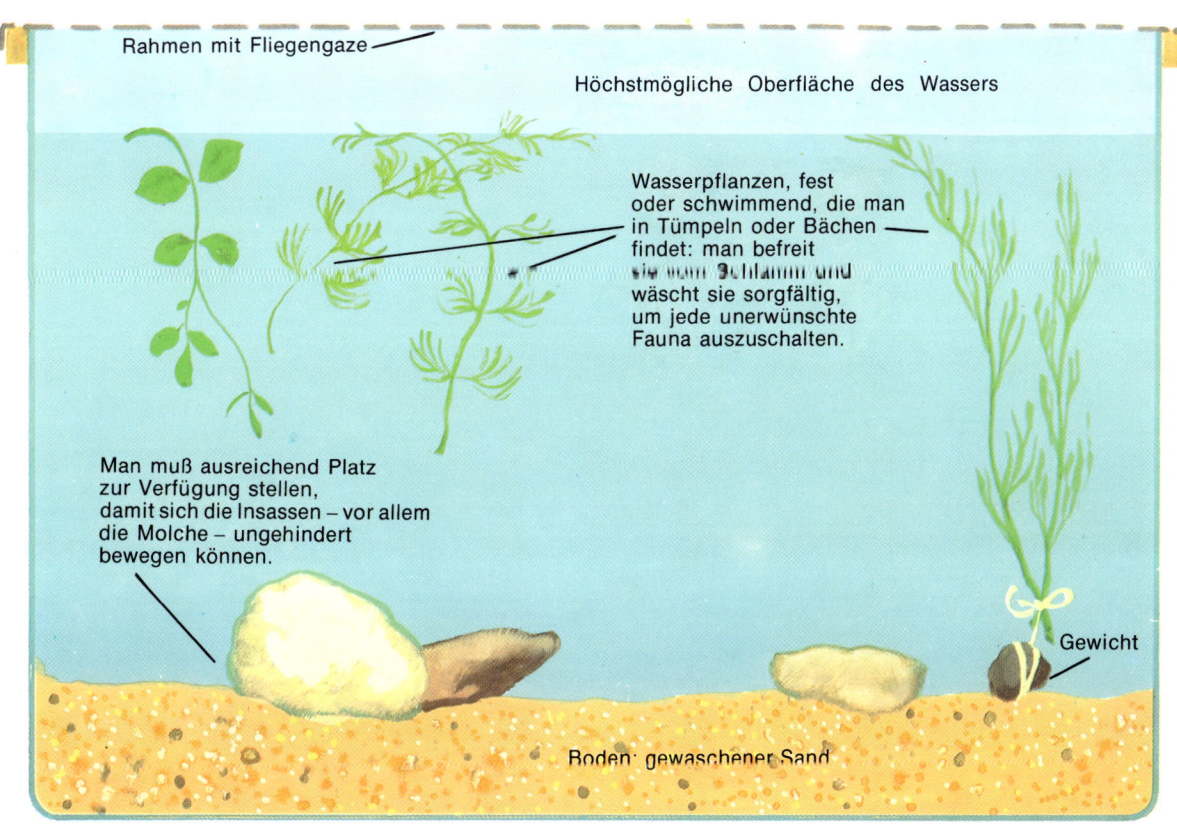

Rahmen mit Fliegengaze

Höchstmögliche Oberfläche des Wassers

Wasserpflanzen, fest oder schwimmend, die man in Tümpeln oder Bächen findet: man befreit sie vom Schlamm und wäscht sie sorgfältig, um jede unerwünschte Fauna auszuschalten.

Man muß ausreichend Platz zur Verfügung stellen, damit sich die Insassen – vor allem die Molche – ungehindert bewegen können.

Gewicht

Boden: gewaschener Sand

Das Paludarium

Das ist einfach ein Aquarium mit sehr wenig Wasser in einer Vertiefung im Sand. Rund um die Vertiefung werden Kieselsteine gelegt und darauf stellenweise Moos.

Die Bewohner
Die Kaulquappen von echten und von Laubfröschen, die ins Paludarium umgesetzt werden, erreichen dort rasch ihre Metamorphose. Wenn einige eingehen sollten, muß man sie sofort entfernen. Der junge Grasfrosch mißt 5 cm, der Laubfrosch paßt auf einen Fingernagel!

Der Laubfrosch frißt selbständig lebendige Fliegen und Mehlwürmer (vgl. S. 36).

Wenn ein junger Grasfrosch nicht allein fressen will, kann man ihn zunächst mit der Hand füttern: kleine Fliegen, winzige Stückchen von Regenwürmern. Schließlich lernt er es, eine Fliege, einen Mehlwurm oder ein Röhrenwürmchen zu fangen.

Wenn man sie einige Tage beobachtet hat (wenn man ihren „hervorschnellenden Zungenschlag" beobachten konnte, ist das fast ein Grund zum Feiern), bringt man sie zurück in die Freiheit am Ufer des Baches oder zwischen zwei Grasbüschel.

Ein ausgewachsener Molch, der ins Paludarium gesetzt wird, kann dort ein paar glückliche Tage verbringen, die meiste Zeit auf dem Moos, ernährt mit Regenwürmern, in so große Stücke geschnitten, daß sie sich noch bewegen: Molche fressen nur Beute, die sich noch bewegt.

Das Männchen besitzt einen Rückenkamm. Es nimmt seine Mahlzeiten auf dem Trockenen zu sich oder auch im Wasser, wo man Schlammfliegenlarven geben kann. Dann bringt man ihn ebenfalls zu seinem Bach zurück, damit er dort in Freiheit Hochzeit feiern kann.

Eine provisorische Wohnung für eine Grille

Bitte kein anderes Grillenmännchen dazusetzen: sie würden miteinander kämpfen, und obwohl sie Vegetarier sind, könnte der Sieger den Besiegten auffressen.

Grasbüschel, von Zeit zu Zeit wässern

Ein gut festgeklopfter Hügel, wo die Grille ihre Höhle gräbt.

Die Plattform aus dem Abraum, auf die sie sich setzt, um zu „singen", zirpen.

Die Grille zu Haus. Wenn sie mit einem Grashalm gekitzelt wird, kommt sie heraus.

Ein kleiner eingegrabener Wassernapf, aus dem sie trinken kann.

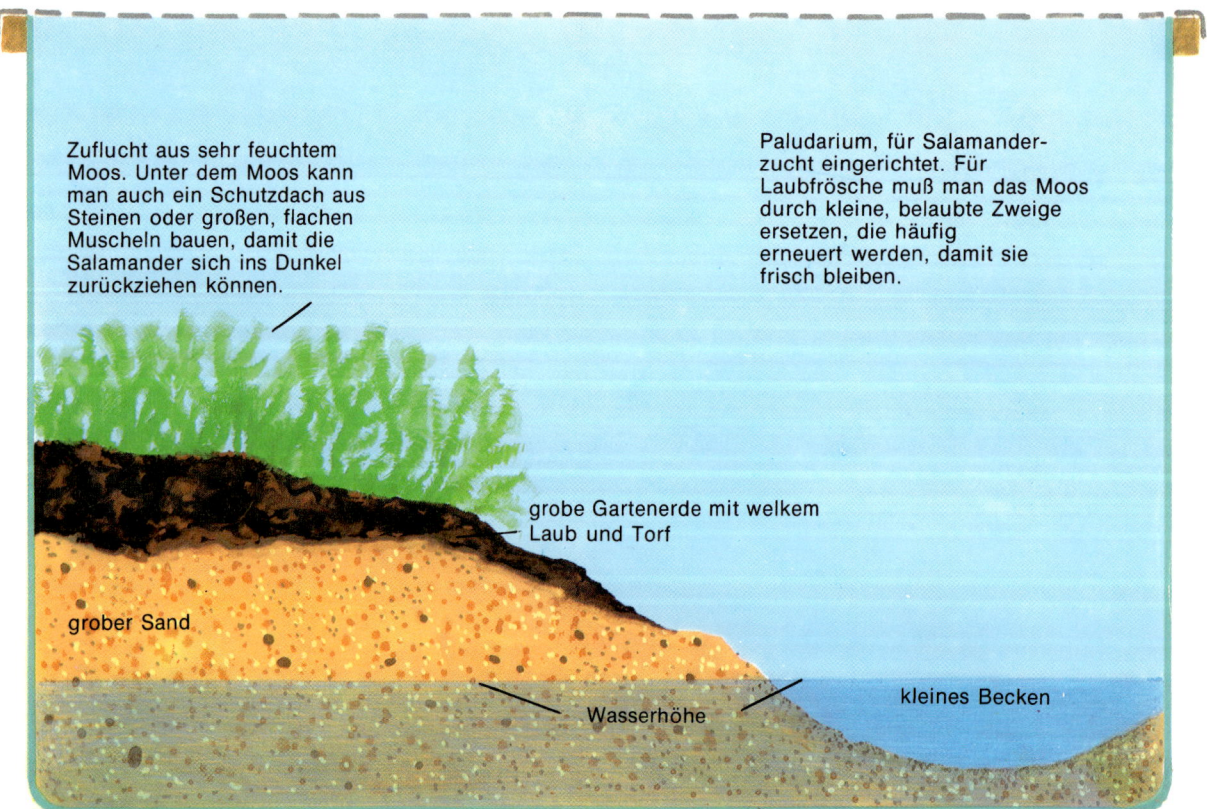

Zuflucht aus sehr feuchtem Moos. Unter dem Moos kann man auch ein Schutzdach aus Steinen oder großen, flachen Muscheln bauen, damit die Salamander sich ins Dunkel zurückziehen können.

Paludarium, für Salamanderzucht eingerichtet. Für Laubfrösche muß man das Moos durch kleine, belaubte Zweige ersetzen, die häufig erneuert werden, damit sie frisch bleiben.

grobe Gartenerde mit welkem Laub und Torf

grober Sand

Wasserhöhe

kleines Becken

Es kann geschehen, daß ein Molch oder ein Laubfrosch, die aus dem Wasser gestiegen sind, mit den Haftscheiben der Finger an den Glaswänden des Gefäßes haften bleibt. Die Pfoten werden so trocken, daß sich das Tier nicht selbst befreien kann. Mit Gewalt kann man ihm nicht helfen. Wenn man die Gliedmaßen vorsichtig befeuchtet, lösen sie sich von selbst.

Das Teichmolchweibchen, das man hier links in Begleitung eines friedlichen Salamanders sieht, besitzt die Eigenschaft, die Finger neu zu bilden, wenn es sie durch einen Unfall verloren hat. Aber der Salamander kann nicht ohne Schaden durch Feuer gehen: das ist ein reines Märchen.

Fressen, um zu leben

die verderben und das Vivarium verschmutzen.

Besonders die Gäste im Aquarium können sehr empfindlich gegen die Verschmutzung ihres Wassers sein. So kann beispielsweise das Brot, mit dem man manche füttert, das Wasser trübe und sauer machen: man muß es herausnehmen. Wenn die Kaulquappen auch gern ein Stückchen

Womit werden die zeitweiligen Gäste im Vivarium ernährt? Das zu wissen ist wichtig, denn die meisten von ihnen können nur einige Fasttage aushalten. Wer die Tiere nur kurze Zeit in Gefangenschaft halten will, gerade so lange, um ihre Bewegungen zu beobachten und einige Zeichnungen anzufertigen, braucht sich wegen der Nahrung keine Sorgen zu machen: man läßt sie fasten. Aber die meisten Tiere, selbst unter den Insekten, müssen trinken: ein wenig Wasser auf die Blätter gesprengt, ein paar Tropfen auf einem flachen Stein oder in eine Muschelschale, die bis zum Rand in die Erde eingegraben ist, genügen durchaus.

Für längeren Aufenthalt muß man dagegen an geeignete Nahrung denken, die jedoch knapp sein sollte: häufig füttert man gefangene Tiere, die weniger Bewegung haben als freie, zu reichlich. Die gefräßigen Raupen allerdings ertragen kein Fasten und verlangen reichliches, stets frisches Futter.

Man achte immer darauf, daß keine Futterreste liegenbleiben,

Löffelbiskuit, das auf dem Wasser schwimmt, von unten her abfressen, soweit es inzwischen weich geworden ist, so ist dies doch immer nur ein Notbehelf, wenn anderes Futter knapp ist, denn das nicht verzehrte Gebäck wirkt im Wasser genau wie das Brot.

Viele kleine fleischfressende Tiere, ob im Wasser lebend oder nicht, fressen gern Regenwürmer. Ein Trick, wie man sie leicht fangen kann, ist dies: Man stampft mit den Füßen wiederholt auf einer feuchten Stelle der Wiese oder stößt mit einem Stock in die Erde und dreht ihn rasch um sich selbst, damit es ein Beben in der Erde gibt – wie bei dem grabenden Maulwurf: nach zwei, drei Minuten kommen die Regenwürmer aus der Erde hervor, und man muß sie nur noch einsammeln. Für die Aquarienbewohner werden sie in kleine Stücke geschnitten. Man wartet, bis jedes Stück verzehrt ist, ehe man ein neues ins Wasser gibt: die nicht verzehrten Stücke oder der ganze Wurm, der im Wasser ertrinken muß, verwesen rasch und infizieren das Wasser.

Schlammfliegenlarven bekommt man in einem Geschäft mit Angelzubehör. Bei ihnen besteht keine Gefahr, daß sie ertrinken. Diejenigen, die nicht gefressen werden, ziehen sich in den Sand auf dem Aquarienboden zurück, wo der Fleischfresser sie bald wiederfindet – wenigstens wenn er nicht auf das Verpuppen der Rattenschwanzlarve warten will, um dann diese zu verzehren.

Fliegen, mit denen man Laubfrösche, Fangheuschrecken oder Spinnen füttert, kann man auf folgende Weise ins Paludarium oder Terrarium bringen. Man legt ein kleines geschlossenes Kästchen, das oben ein Loch hat, ins Gefäß. In dieses Kästchen setzt man Maden, die es ebenfalls beim Angelzubehör zu kaufen gibt, und dazu ein wenig Kleie oder Käse als Futter. Die Maden verwandeln sich in Puppen und dann in Fliegen, die durch das Loch des Kästchens kriechen und die der Laubfrosch im Flug erschnappt.

Wie sehen also die Mahlzeiten aus?

schnecken, die Fangheuschrecke Insekten, vor allem Fliegen (Vorsicht, die Fangheuschrecken fressen sich gegenseitig auf!), die Libelle Mücken, das Glühwürmchen kleine Schnecken, der Marienkäfer und seine Larven einen frischen Zweig, mit Blattläusen bedeckt.

Den fleischfressenden Larven und Insekten, die im Wasser leben, gibt man Regenwürmer und Rattenschwanzlarven. Die Schwimmkäfer und Libellenlarven greifen alles an, was sich im Wasser bewegt: keine Kaulquappen und

Für vegetarische Gäste:
die Pflanzen oder pflanzlichen Abfälle, von denen sie auch sonst leben. Raupen sind besonders anspruchsvoll, aber manche begnügen sich mit frischem Salat oder mit Laub von Obstbäumen.

Die Raupen von Distelfalter und Admiral erhalten Brennesseln oder Laub von Obstbäumen, die vom Schwalbenschwanz Mohrrübenblätter, die vom Segelfalter – der dem Schwalbenschwanz ähnelt – Pflaumen- oder Schlehenblätter, die vom Weißling Blätter von Kreuzblütlern (vor allem Kohl) oder Kapuzinerkresse, die vom Großen Nachtpfauenauge Blätter vom Birnbaum, die vom Ligusterschwärmer Laub von Liguster, Flieder, Kartoffeln …

Der Maikäfer bekommt Blätter und Blüten, die Grille Gras und pflanzlichen Abfall, die Heuschrecke Getreidehalme und Gemüsepflanzen, Laub von Obstbäumen, der Ohrwurm Obst, Blumen (sie werden übrigens gelegentlich zu Fleischfressern, wenn sie Raupen finden). Schnecken fressen Salat, sogar verwelkten.

Für die Fleischfresser:
Würmer nimmt die Maulwurfsgrille, das Große Grüne Heupferd erhält kleine Insekten, der Goldlaufkäfer Raupen, Würmer, Nackt-

nicht einmal Molche finden vor ihnen Gnade.

Den Molchen und Salamandern gibt man Würmer, manchmal ein bißchen feingeschabtes Fleisch, den Tausendfüßlern kleine Larven, Nacktschnecken, den Spinnen geflügelte Insekten, vor allem Fliegen, den Weberknechten kleine Insekten.

Eidechsen gewöhnen sich an Insekten, vor allem an Heuschrekken, an Regenwürmer, Nacktschnecken, auch an Milch und Fischmilch.

Es gibt noch viele andere Tiere auf der Wiese, die man in Freiheit läßt. Doch kann man durch Beobachtung herausbekommen, wovon sie leben und wen sie ihrerseits wieder ernähren …

Eine Merkwürdigkeit:
Die Kaulquappen, zunächst Vegetarier, ernähren sich von Algen und Pflanzen aus dem Aquarium, von dünnen Scheiben ungekochter Kartoffeln, verachten aber auch Fleisch nicht, etwa ein wenig feingeschabte Leber oder Schlammfliegenlarven. Doch in der letzten Phase ihres Larvenlebens braucht man sie nicht zu füttern. Sie fasten, und ihr Unterhalt wird von der Absorption der Gewebe ihres Schwanzes sichergestellt, der nun allmählich verschwindet!

Zum Atmen steigt der Gelbrand-
käfer an die Wasseroberfläche
hinauf und fängt eine Luftkugel
ein, die er unter seinen Flügeldek-
ken speichert. Öffnungen im Rük-
ken absorbieren diese Luft nach
und nach.

Am Ende des Sommers verläßt
seine Larve (rechts) das Wasser,
verpuppt sich in der Erde und
wird innerhalb von 14 Tagen ein
erwachsener Käfer, der ins Wasser zurückkehrt.

Die Libellenlarve (rechts darunter) ist sehr raubgierig und zer-
schneidet mit ihren Mandibeln
alle Würmer und Larven, die in
ihre Reichweite gelangen. Nach
mehreren Häutungen steigt sie am
Stengel einer Wasserpflanze hoch,
um die letzte Metamorphose zu
erwarten, wie man sie hier sieht.

Das „Glühwürmchen" ist das
Weibchen eines Käfers. Es signa-
lisiert ihm seinen Platz, indem es
seine „Positionslichter" abwech-
selnd einschaltet und löscht.

Das Weibchen des Molches legt
seine Eier einzeln. Es benutzt die
Hinterbeine, um die Eier an Wasserpflanzen zu heften, wo sie zu
Larven (oben), dann zu ausgewachsenen Molchen (darunter)
werden.

Die Maulwurfsgrille verheert die
Pflanzungen, indem sie Wurzeln
und Knollen in den unterirdischen
Gängen zerstört, die sie bewohnt.
Diese Gänge gräbt sie mit den
Vorderbeinen, die wie Schaufeln
geformt sind wie die des Maul-
wurfs. Daher hat sie ihren Namen
„Maulwurfs-Grille".

37

Das Dorf erwacht. Die Bauernhöfe ziehen die endlosen Schwärme der Schwalben und Mauersegler an. Grünlinge singen in den blühenden Apfelbäumen und Stieglitze in den Gärten. Ein Windhauch bewegt auf den Getreidefeldern Weizen, Hafer und Gerste, läßt den Mais schwanken und das glänzende Laub der Pappeln zittern.

Sehen wir, daß wir zur Wiese kommen. Das leuchtende Gelb der Butterblumen blendet fast. Wie blaue Tropfen liegt Männertreu im Gras, und die duftenden Dolden des Süßkerbels bilden weiße Wolken. Dann erwärmt sich die Luft. Der Nachmittag ist glühend heiß, und die Vögel schweigen. Drosseln und Amseln hüpfen jedoch weiter hierhin, dorthin. Über dem Klee summen die Bienen. Ein Schwarm Schmetterlinge tanzt um sie her, und durch das Fernglas entdecken wir eine Grasmücke in der Hecke. Wenn langsam der Abend kommt, riecht das Gras auf der Wiese nach Heu, obwohl es nie gemäht wird. Bei dem Duft wird einem leicht und froh zumute. Auf dem Heimweg sehen wir die Mondsichel am abendlichen Himmel. Schleiereulen rufen.

Im Sommer

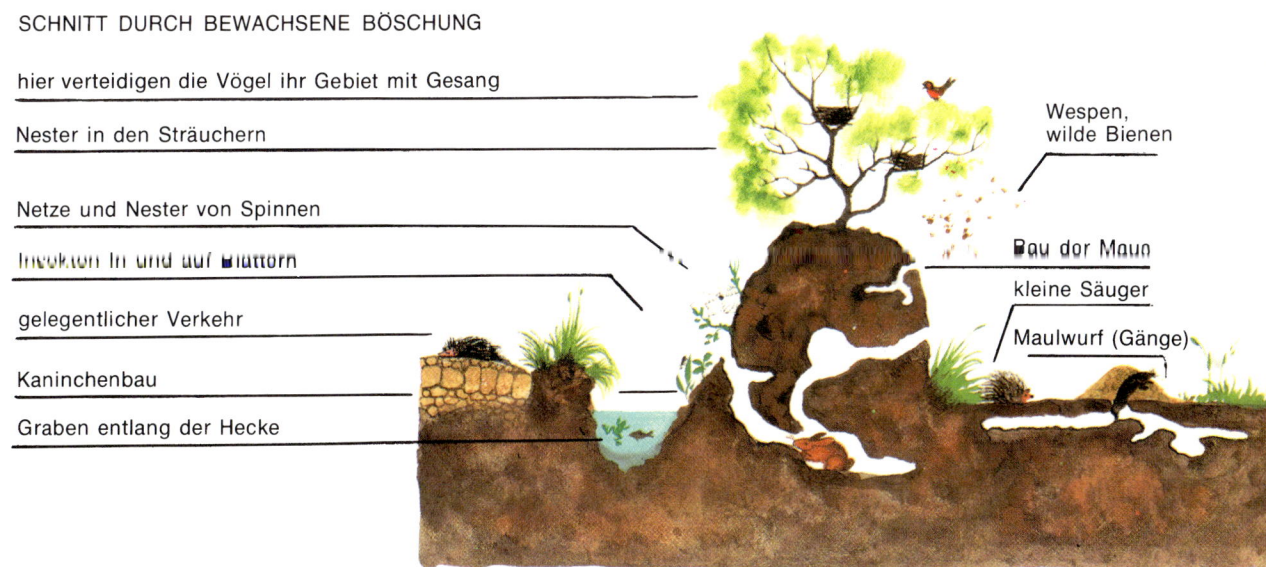

SCHNITT DURCH BEWACHSENE BÖSCHUNG

hier verteidigen die Vögel ihr Gebiet mit Gesang

Nester in den Sträuchern

Netze und Nester von Spinnen

Insekten in und auf Blättern

gelegentlicher Verkehr

Kaninchenbau

Graben entlang der Hecke

Wespen, wilde Bienen

Bau der Maus

kleine Säuger

Maulwurf (Gänge)

Diese Hecke ist im Sommer einer der interessantesten Teile der Wiese. Von Mai bis Oktober wimmelt sie von Leben.

Sie bietet den verschiedenen Bewohnern die vielfältigsten Wohnbezirke; einige zeigt das Bild. Wir sollten versuchen, selbst eine Hecke zu beobachten und zu beschreiben. Ob uns eine ähnliche Skizze gelingt?

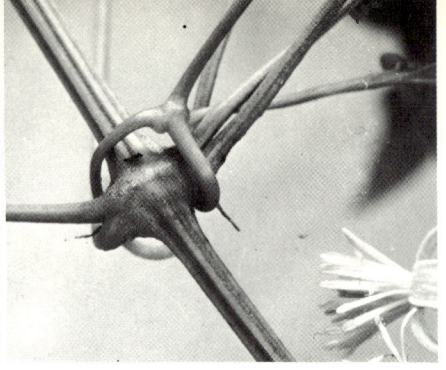

Die Waldrebe stößt bis zur höchsten Höhe der Hecke empor und klammert sich dabei mit ihren Ranken fest. Wenn man ihre Blüte bis drei Meter hoch über dem Boden zwischen den niedrigen Ästen eines Baumes sieht, kann man kaum glauben, daß diese wilde Klematis zu der gleichen Familie gehört wie etwa das Gelbe Windröschen oder der Flutende Hahnenfuß.

Dies ist ein dorniger Zweig der Brombeere. In einem Gebüsch fallen die längsten Zweige auf den Boden zurück. Dort schlagen sie wieder Wurzeln.

Die bärtigen Klammern des Efeus halten die Stämme kräftig fest, die die Zweige umschlingen und in der Entwicklung stören.

Aus dem Gestrüpp am Fuß der Hecke kommt ein winziger Vogel hervor, setzt sich ein Stück höher auf einen Zweig, richtet den kleinen Schwanz auf und singt sein schallendes Lied. Mit raschem Flug verschwindet er in einem Baum, setzt sich abermals, schwingt sich wieder empor und verliert sich im Laub der Waldrebe. Er kommt wieder hervor und stattet der Scheune einen Besuch ab. Nach einer Weile kommt er zu seiner mit Federn gepolsterten Mooskugel zwischen Laub und Zweigen des Efeus in der Hecke zurück. Es ist der winzige Zaunkönig. Er heißt mit wissenschaftlichem Namen *Troglodytus troglodytus*, Höhlenbewohner, weil er früher meist in Felshöhlungen genistet hat. Heute kann ihn ein Holzhaufen, eine Konifere, das aufgegebene Nest einer Rauchschwalbe dazu bringen, darin zu bauen, und er errichtet ja immer mehrere Nester.

Kehren wir zur Hecke zurück. Noch viele andere Pflanzen, nicht nur die Waldrebe, kämpfen dort um einen Platz an der Sonne. Die Brombeeren klammern sich mit all ihren abwärts gekrümmten Dornen an andere Pflanzen... Der Efeu erklettert Zweige und Stämme der Sträucher, indem er sich mit seinen Luftwurzeln an ihrer Rinde festhält: das Foto zeigt es gut.

Am Fuß der Hecke stoßen wir vielleicht auf ein ganzes „Nest" von leeren, stark beschädigten Schneckenhäusern, wie es das Foto auf Seite 41 zeigt. War das vielleicht die Singdrossel, die sie zerschlagen hat? Den ganzen Sommer lang fressen die Singdrosseln, die zu unseren größten Sängern gehören, Insekten, Würmer und Schnecken auf der Wiese.

Die Singdrossel trägt für ihr Nest Gras, Blätter und Moos zusammen. Das alles macht sie mit Hilfe von Speichel hart wie Stein. Die Singdrossel verzehrt große Mengen von Schnecken, deren Häuser sie auf einem „Amboß" aus Stein zerschlägt (vgl. Foto auf der nächsten Seite).

Die Steinläufer haben niemals tausend Füße, aber 15, 20 oder 25 Paar, die an je einem Segment des Körpers befestigt sind. Sie werden auch Hundertfüßler genannt.

Die Drosseln sind übrigens nicht die einzigen, die Schnecken lieben.

Denken wir nur einmal an die nützliche Spitzmaus mit ihrer kaum vorstellbaren Betriebsamkeit. Unaufhörlich rückt sie nicht nur den Schnecken und Würmern zu Leibe, sondern auch Insekten, Spinnen, Larven, ja manchmal sogar den winzigen Zwergmäusen. Die Spitzmaus lebt nicht lange, vielleicht zwei Jahre, aber wie räumt sie während dieser Zeit unter den Schädlingen der Feldfrüchte auf! Vor allem, wenn sie 6–10 Junge ernähren muß, die im Mai blind und nackt geboren werden und schon mit drei Wochen Spaziergänge als Karawanenzug unternehmen. Dazu beißt sich das erste Junge dicht neben der Schwanzwurzel der Mutter fest, das zweite folgt dem Beispiel und so fort bis zum letzten des Wurfes, wie es das Foto zeigt.

Auch die Tausendfüßler ernähren sich von Schnecken. Diese verlassen, wenn es allzu trocken wird, die Wiese und kleben sich an einem Baumstamm fest und warten auf den Regen, oder sie suchen die feuchte Fäulnis eines alten Baumstumpfs auf. Dort wimmelt es dann von Tausendfüßlern. Auf dem Bild unserer Wiese sind es Hundertfüßler der Gattung *Lithobius,* weit kleiner als die der Gattung *Scolopendra,* die man nur in Südeuropa findet. Im Gegensatz zu dem der Skolopender ist ihr Gift unschädlich für den Menschen. Das Beinpaar am ersten Segment hinter dem Kopf ist zu giftigen Dolchen umgeformt, die es dem Tier erlauben, seine Beute zu packen und zu töten. Der Hundertfüßler tötet die Schnecke mit seinem Gift und verspeist sie dann. Nacktschnecken, Regenwürmer und Schmetterlinge erleben das gleiche Schicksal. Die Wiese ist ein kleiner Dschungel, wo sich der Kampf ums Dasein abspielt.

Jedem sein Haus

Schnecken zu beobachten ist interessant. Man sollte gelegentlich eine oder zwei mit nach Hause nehmen, um sie von nahem anzusehen und in aller Ruhe zu zeichnen. Am Ende setzt man sie gleich wieder in die Freiheit.

Zunächst bringt man sie – mit ein paar Salatblättern – in ein großes Glas: man kann sie fressen hören. Ihre Zunge, *radula* genannt, ist mit einer Menge von Zähnen besetzt, die sich entsprechend der Abnutzung erneuern. Diese Zunge wirkt wie eine Raspel.

Wenn sich die Schnecke in ihr Gehäuse zurückgezogen hat, sieht man von ihr nichts weiter als eine gräuliche Masse, weich und klebrig: das ist der „Mantel", in dem man ein Loch erkennt, die Lungenöffnung, durch die das Tier atmet.

Man kann die Schnecke dazu bringen, aus dem Gehäuse herauszukommen, wenn man sie mit etwas lauwarmem Wasser besprengt. Dann schiebt sie ihren Fuß heraus, eine dicke Sohle, auf der sie kriecht. Vorn befindet sich der Kopf. Die „Hörner" verlängern sich wie Finger eines Handschuhs, den man umdreht: zwei große tragen die Augen und ein Geruchsorgan, zwei kleine dienen zum Tasten. Es genügt, diese Fühler ganz leicht zu berühren, damit die Schnecke sie zurückzieht.

Der Fuß scheidet einen glänzenden, klebrigen Schleim ab, der es dem Tier erlaubt, an glatten senkrechten Wänden hinaufzukriechen. Wenn die Schnecke, völlig in ihr Gehäuse zurückgezogen, überwintert, verschließt eine dünne Platte getrockneter Schleim ihr „Haus".

Ein wenig hinter den Fühlern sieht man ein kleines Loch, das ist die Öffnung des Legeapparats. Jede Schnecke, die gleichzeitig männlich und weiblich ist, kann Eier legen, wenn sie mit einer anderen gepaart ist, wobei sich beide gegenseitig befruchten.

Wenn man im August nach einem Regen eine Schnecke sieht, die den Kopf in die Erde gegraben hat, so daß es scheint, als ob nur noch das Gehäuse das Tier im Eingang der Höhle festhielte, kann

das bedeuten, daß die Schnecke gerade ihre Eier legt. Man muß Geduld haben. Wenn das Tier nicht bald wieder heraufkommt, zieht man es hoch. In dem Loch findet man in einer Tiefe von 4 bis 5 cm kleine glänzende Perlen, 2 mm im Durchmesser. Das sind die Eier. Man sammelt sie vorsichtig ein. In einem Glas auf einem Bett von feuchter Erde schlüpfen sie nach drei bis vier Wochen aus, und man sieht winzige, völlig ausgebildete Schnecken herauskommen, die sofort die zarten Salatblätter fressen, die man ihnen anbietet.

Schneckenhaussammlung
Unter den Hecken kann man vielfältige Schneckengehäuse finden: gelbe, rötliche oder weiße, mit dunkelbraunen oder schwarzen Spiralen, Gehäuse von Schnecken der großen Familie der Schnirkelschnecken mit den verschiedenartigsten Zeichnungen. Wer sie sammelt, kann die Vielfalt ihrer Farbtöne und ihres Schmucks vergleichen und bewundern.

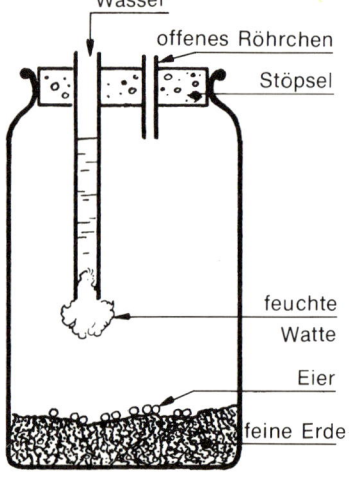

Das Schneckenhaus hat sich zu einer spiraligen Spindel entwickelt. Querrinnen sind Reste der im Lauf des Wachstums aufeinanderfolgenden Ränder. Wenn das Wachstum aufhört, bildet der letzte Rand einen schmalen Wulst.

MECKIE

Wer versteckt sich da in der Hecke? Der Igel! Er stöbert oft im welken Laub neben der alten Korbweide, dem Zufluchtsort der Ringelnatter, für die er neben dem Sperber, der manchmal in diese Gegend fliegt, Feind Nummer eins ist. Der Igel fürchtet ja kein Reptil, nicht einmal die Kreuzotter. Er wird so manches Mal gebissen, ist aber immun gegen das Gift und bleibt endlich doch Sieger und frißt seine Opfer auf. Doch solche Festmähler lenken ihn nicht von seinem täglichen Treiben ab: er stellt den Schnecken nach, den grauen Egelschnecken, den schwarzen und roten Wegschnecken, die die Wiese heimsuchen, den Insekten, die in der Hecke unter dem Laub liegen, und jenen, die in Reichweite bei ihm vorbeikommen. Gewiß, am Tag verschläft er drei Viertel der Zeit, aber wenn der Abend sinkt, macht er sich pünktlich auf die Jagd, gerade als ob er von einer inneren Uhr geweckt würde, und unternimmt zwei bis drei nächtliche Pirschgänge mit kleinen Pausen, wo er sich in seinem Schlupfwinkel ausruht.

Dieser kleine Helfer des Menschen ist zum Zeichen der französischen Naturschutzgesellschaft geworden, und die Zeichnung von Jean Effel ist auch bei uns bekannt, wenn auch nicht so bekannt wie die Familie Meckie. Leider gerät der von den Scheinwerfern geblendete Igel oft unter die mörderischen Räder der Autos. Gegen Menschen und Autos hat er keine Chance, doch gegen die Raubtiere weiß sich der Igel zu wehren und verkauft seine Haut teuer.

Auch die Rote Wegschnecke hat eine Art Haus. Es ist zu einigen Kalkkörnchen reduziert, die sie nicht mehr zu schützen vermögen.

Stämmiger Körper, 25 cm lang, spitze Schnauze mit „Trüffelschnauze", glänzende Augen, ganz kleine Ohren, das ist der Igel. Rücken und Seiten sind mit mehreren tausend Stacheln bedeckt, doch sein Schwanzstumpf ist nackt.

Das Raubtier ist der Fuchs. Er lebt in den Wäldern, doch da er ständig Hunger hat, jagt er auch auf Wiese und Feld, vor allem nachts – und deshalb sieht man ihn selten. Der zusammengerollte Igel verstärkt seine Verteidigung durch einen Strahl stinkenden Urins, der von innen her die Stacheln befeuchtet. Doch der Fuchs benützt das gleiche Verfahren und besprengt die Stachelkugel, die er zu seiner Wut nicht packen und zerbeißen kann. Ein Igel bleibt im Wasser niemals zusammengerollt und rollt sich deshalb unter dem Einfluß der Harnflüssigkeit auf. Jetzt ist er schutzlos. Mit einem kräftigen Pfotenhieb wird er umgedreht…

Auf der Wiese begegnet man selten kleinen Kadavern, doch manchmal dem einer zweifellos vom Wiesel aufgegebenen Spitzmaus. Die Raubtiere fressen das stark nach Moschus riechende Fleisch des kleinen Tieres nicht. Eher finden wir noch einen toten Sperling, den ein Turmfalke fallen ließ, als er von einem Trupp Krähen bis zu einem fernen Wald verfolgt wurde. Doch im allgemeinen kommen dann die Totengräber, die gute Arbeit leisten. Diese Insekten sind zusammen mit den Mistkäfern die Straßenreiniger der Wiese. Angelockt vom Ammoniakgeruch des Vogelkadavers, den schon zahllose aasfressende Insekten angerissen haben, machen sie sich vereint an die Arbeit. Sie drängen sich unter den Kadaver, höhlen den Boden aus, und ein Wall von heraufgeschaffter Erde bildet sich um das Tier, das ganz allmählich tiefer sinkt. Schließlich verschwindet er bis zu 30 cm unter der Erdoberfläche, die danach wieder geglättet wird. Ist der Boden jedoch allzu hart, sind die Totengräber imstande, den Kadaver zerrend und schiebend langsam bis zu einer Stelle zu schaffen, wo ein Loch leichter zu graben ist. Mit ihren kräftigen Kiefern schneiden die Insekten Wurzeln und Pflanzenstengel ab, die sie bei der Arbeit stören.

Gemeine Totengräber, leicht an ihren orangegelben Querbinden zu erkennen, vergraben den Kadaver eines Vogels.

Wenn er beerdigt ist, graben die Insekten einen kurzen schrägen Gang, der in einer Kammer endet, wo ein Weibchen Brocken verfaulenden Fleisches einlagert, die sie zu einer Kugel gerollt hat… Die Federn des Vogels oder das Fell des Säugers, falls es sich um eine Maus handelt, dienen zur Auspolsterung des Eingangs.

Von dieser Kammer aus gräbt das Weibchen einen weiteren Gang, in den es seine Eier legt. Darauf zieht es sich wieder auf den Nahrungsball zurück.

Einige Tage später schlüpfen die Larven aus, werden von dem Fäulnisgeruch angezogen und kriechen zur Mutter. Diese ernährt sie bis zur ersten Häutung mit einem Fleischbrei, den sie, halb verdaut, auswürgt.

Wie seltsam ist diese Welt der Insekten! Die Wiese, die im Sommer so viele Blüten hat, ist für sie eine üppige Welt. Fuchsschwanz und Lieschgras zittern an allen Halmen. Der Sauerampfer schüttelt seine Rispen aus winzigen, rot überhauchten Blüten. Die Pferdemöhre entfaltet ihre schneeigen Dolden. Der Duft des Geißblatts zieht durch die Hecken, an deren Fuß die Ringelblume das weiße Johanniskraut doppelt zur Wirkung kommen läßt. Wir beobachten, wie sich die Bienen, Hummeln, Fliegen, Schmetterlinge dort niederlassen. Wer eine Blume eine Zeitlang still betrachtet, wird überrascht sein über die Zahl der verschiedenen Insektenarten, die ihr Besuche abstatten, die Käfer eingeschlossen.

Zwischen Blüten und Insekten bestehen enge Beziehungen, gibt es wechselseitig Aufgaben und Dienstleistungen. Ein bekanntes Beispiel ist die Biene. Während

Die Feldgrille läßt ihr Zirpen hören. Sie reibt mit dem Schenkel über den Rand ihrer Flügeldecken.

Die Widerstandsfähigkeit gegen Kälte macht den Wiesenfuchsschwanz zu einem für die Landwirtschaft besonders geeigneten Gras. Die gelbe Ähre macht den deutschen Namen leicht verständlich.

sie den Pollen sammelt, schafft sie diesen, ohne es zu wollen, von einer Blüte zur andern. Die Glockenblume, die Malve, der Salbei auf unsern Wiesen brauchen unbedingt Insekten als Überträger des Pollens, denn die Staubgefäße und der Fruchtknoten in derselben Blüte gelangen nicht zur gleichen Zeit zur Reife. Die Pflanze könnte sich nicht vermehren, wenn sich nicht unfreiwillig ein Insekt bei einer Blüte mit reifen Staubgefäßen mit Pollen belüde und diesen auf die Narben anderer Blüten derselben biologischen Art brächte, deren weibliche Teile bereits zur Reife gelangt sind. Hummel und Biene erfüllen dieses Amt gut: es ist eine Form der Bestäubung.

Insekten – vor allem Ameisen – transportieren bisweilen Samen, die Öl enthalten, nach dem die Ameisen gierig sind. Das gilt für das Märzveilchen, die Anemone und zahllose Gräser.

Im dichten Gras der Wiese führen die Grille und das Große Grüne Heupferd ihr wohlverborgenes Musikantenleben. Das Heupferd verläßt übrigens oft das niedrige Gras und hält sich in Brennesseln, Disteln und Sträuchern auf.

In der Hecke klettert es langsam und springt nur selten.

In den milden Sommernächten hört man ununterbrochen den Gesang des männlichen Großen Grünen Heupferds, das seine Flügeldecken spreizt, sie einander wieder nähert und sie jäh kreuzt und dadurch ein sehr lautes Zirpen hervorbringt.

WIESENKLEE

LÖWENZAHN

GÄNSEBLÜMCHEN

WIESENSALBEI

MELISSE

**HERBST-
ZEITLOSE**

46

WASSER-HAHNENFUSS

WILDE MALVE

Ein Strauß von Wiesenblumen

KLEINBLÜTIGE MALVE

BUTTER-BLUME

47

Von der Wiese ins Herbarium

BESTIMMUNG

Jetzt ist es Zeit, an das Herbarium zu denken.

Das Sammeln

Man sieht blühende Pflanzen, die einem besonders gefallen: wie kann man sie aufheben?

Wer auf die Jagd nach Pflanzen geht, nimmt als Werkzeug Lupe, Messer oder Schäufelchen und, wenn möglich, ein Hilfsbuch zum Bestimmen der Pflanzen auf die Wiese mit.

Wir heben ein gut geformtes Exemplar mit allen Wurzeln sorgfältig aus und befreien sie von den Erdspuren. Ist der Name unbekannt, sucht man möglichst an Ort und Stelle die Pflanze im Bestimmungsbuch, damit man sich die frischen Pflanzen mit gutentfalteten Blüten einprägen kann. Keinesfalls darf man eine geschützte oder seltene Pflanze[1] ausgraben, es sei denn, man nimmt ein *einziges* Exemplar aus einer besonders üppigen Gruppe.

Man befördert die Pflanze besser nicht in einem Kasten, in dem ihre Organe beschädigt werden oder umherrollen könnten. Dadurch würde die weitere Behandlung erschwert. Vielmehr legt man die verschiedenen Teile des Exemplars zwischen Zeitungsblätter, mit denen der kleine Zeichenkasten ausgestattet ist, der während des Transports fest geschlossen bleibt.

Das Trocknen

Zwischen mehrere Lagen Lösch- oder Zeitungspapier, die Feuchtigkeit aufnehmen können, breitet man die Pflanze so aus, daß ihre Kennzeichen gut hervortreten. Bei Bedarf verdünnt man sie (Wurzeln, Zweige, Stiele, Fruchtknoten), indem man mit scharfem Messer oder Rasierklinge die hintere Hälfte der zu dicken Teile entfernt. Der intakte vordere Teil vermittelt den Eindruck, daß das Exemplar vollständig ist.

Nun kommt es unter die Presse. Jeden Tag überwacht man den Zustand der Pflanze. Bei Bedarf legt man sie ein wenig um: die vom Papier aufgenommene Feuchtigkeit begünstigt sonst eine Fermentierung, die die Farben verändert.

Wenn einzelne Teile am Papier hängen, drückt man von hinten ein wenig auf das Papier oder schiebt eine Messerklinge unter die anhängenden Teile. Falls die Pflanze dabei zerbricht, hebt man das abgebrochene Teil sorgsam auf: es wird auf dem endgültigen Herbarienblatt an den richtigen Platz gebracht und angeklebt.

Geduld, Geduld! Eine Pflanze, die nicht *vollkommen* trocken ist, schrumpft nach der Montage zusammen, und alles ist verloren!

[1] Liste am Ende des Buches.

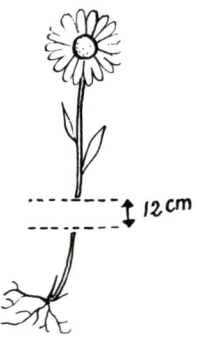

↕ 12 cm

Kleine Kniffe.
Die zu dicken Teile, die möglicherweise ein gleichmäßiges Pressen der ganzen Pflanze verhindern, trocknet man für sich: sie werden dann bei der Montage fürs Herbarium mit dem übrigen zusammengebracht.

Wenn die Pflanze zu groß ist, schneidet man sie in zwei Teile, die nebeneinander aufgeklebt werden. Man kann auch einen Teil des Stengels weglassen: bei der Montage gibt man an der Stelle des Schnittes an, wieviel hier fehlt.

Ein beschädigtes Stück kann so weggelassen oder aber an der entsprechenden Stelle durch ein ähnliches in gutem Zustand ersetzt werden.

Die Montage
Sie erfolgt auf Doppelblättern von gutem Papier in ausreichender Größe, z. B. DIN A 4[1].

Man legt die Pflanze am besten hübsch nach innen auf die Mitte der rechten Hälfte, die linke Hälfte schützt sie, wenn man das Blatt zuklappt. Man befestigt die Pflanze mit feinen Klebestreifen von 2 bis 3 mm Breite, die sich über Stengel, Blütenblätter, Wurzeln und gut gewählte weitere Punkte spannen, um die Pflanze völlig unbeweglich festzulegen. Diese Klebestreifen reichen auf beiden Seiten einen guten Zentimeter über die Pflanze hinaus und werden auf das Papierblatt geklebt. Sehr zerbrechliche Teile, zarte Blüten, kleine Samenkörner können mit einem Cellophanviereck und Klebebändern abgedeckt werden.

In eine Ecke des Blattes kann man Einzelteile einer zerlegten Pflanze kleben – einzeln getrocknet und angeordnet, wie auf S. 17 gezeigt.

Auf die linke Seite des Doppelblattes schreibt man den deutschen und den lateinischen Namen und vielleicht Sonderbezeichnungen der Pflanze und notiert die Umstände des Fundes (Ort, Datum, Tageszeit) und alle charakteristischen Einzelheiten.

[1] Wenn man die getrockneten Pflanzen in diesen Blättern flach ausgebreitet liegen läßt, kann man sich die Arbeit des Montierens für schlechte Herbsttage oder für den Winter aufsparen.

DAS MONTIEREN DER PRESSE

Um ausgeschnittene Bilder fest aufzukleben oder Pflanzen zu trocknen, genügt es zwar, sie unter eine Pappe oder ein Brett zu legen, worauf man dann schwere Gegenstände stellt. Aber praktisch für die Weiterbehandlung und Überwachung ist das nicht, und es erfordert viel Platz.

Besser ist es, man beschafft sich zwei sauber gehobelte Bretter, 40–50 cm lang, 30–40 cm breit. Zwei alte Zeichen- oder Reißbretter können, auch wenn sie von Reißzwecken zerlöchert sind, diesen Zweck erfüllen.

Beide Bretter werden auf einer Seite mit einem dünnen Polster aus Zeitungspapier versehen. So erreicht man beim Pressen die notwendige Nachgiebigkeit und Gleichmäßigkeit. Dieses Polster bedeckt man mit einem widerstandsfähigen Blatt (starkes Packpapier, Kartonpapier); es wird dann kräftig gespannt, umgeschlagen und mit Klebestreifen auf der anderen Brettseite festgeklebt.

Die beiden so vorbereiteten Bretter werden aufeinandergelegt (Papier auf Papier) und durch zwei kleine Schraubzwingen zusammengehalten; man bekommt sie im Bastel- oder Werkzeuggeschäft. In diese Presse lassen sich Pflanzen bis zu 10 Papierstärken einlegen, ohne daß man Verformungen befürchten muß. Die Schraubzwingen nicht zu stark anziehen: die Mitte des Brettes würde sich ausbeulen und der Druck ungleichmäßig werden.

Diese Presse kann man aufrecht in eine Ecke stellen: dort stört sie nicht.

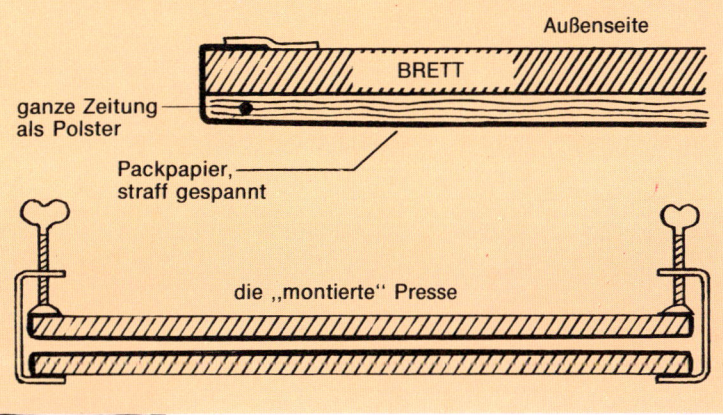

Außenseite

BRETT

ganze Zeitung als Polster

Packpapier, straff gespannt

die „montierte" Presse

Vom Kräuterweiblein zum Kräutersammler

Die Natur bietet seit ältester Zeit ausgezeichnete Heilmittel. Viele sind in Vergessenheit geraten, doch heute erinnert sich die Medizin wieder an sie; Ärzte raten zur natürlichen Heilung, die Heilkräuter kommen wieder zu Ehren, die früher von alten Frauen im Wald und auf den Wiesen gesammelt wurden.

Trocknen. Die Pflanzen müssen bei Trockenheit gepflückt werden, am späten Vormittag, wenn der Tau verdunstet ist. Man spannt Stricke in der Scheune oder in einem trockenen Raum, wo man Durchzug machen kann. Man hängt die gesammelten kleinen Bündel oder Pflanzensträußchen rittlings darauf: an den Stielen zusammengebunden, kopfabwärts hängend.

Manche Blüten müssen jedoch ohne Stengel getrocknet werden: Veilchen, Himmelsschlüssel, Kamillenköpfchen, Blütenblätter des Klatschmohns, Blüten der Linde (mit ihren Vorblättern). Man legt sie in lockeren Schichten auf ein Gitter; man kann es aus einer Lattenstiege selbst basteln, über die man Fliegengaze nagelt. Andernfalls legt man, *aber stets im Schatten*, ein sauberes Stück Papier an einer trockenen Stelle aus. Darauf streut man locker die Blüten und dreht sie von Zeit zu Zeit um, bis sie völlig trocken sind.

Wenn die Blüten oder Pflanzen gut getrocknet sind, bewahrt man sie in verzinnten Blechdosen oder Marmeladegläsern auf. Die Etiketts nicht vergessen!

Verwendung. Es gibt drei Möglichkeiten, Heilpflanzen zu verwenden: als *Aufguß*, als *Absud* oder als *Auszug*.

Der *Aufguß* ist die verbreitetste Verwendungsart: man gießt – wie für den Tee – kochendes Wasser auf eine tüchtige Prise der Blüten oder Blätter und läßt einige Minuten ziehen.

Getrocknete oder frische Minze, Thymian, Kamille, Melisse, auf diese Weise zubereitet, fördern die Verdauung.

Blüten von Veilchen, Himmelsschlüsseln, die Blütenblätter von Klatschmohn (man kann sie mischen) lindern den Husten.

Linde und Quendel beruhigen das Nervensystem und tragen zum guten Schlaf bei.

Manche Aufgüsse kann man auch *äußerlich* anwenden, beispielsweise die von Kamille oder von Holunderblüten für Augenwaschungen oder für Kompressen bei Gerstenkörnern.

Für den *Absud* gibt man eine gute Prise der Pflanze in kochendes Wasser und läßt etwa 20 Minuten kochen.

Manche Absude werden getrunken: Himmelsschlüsselblüten (wirksamer als Aufguß) und Malvenblüten für Halsschmerzen.

Andere dienen als Gurgelmittel (die man mit Honig süßt): Blüten und Beeren von Weißdorn, Blüten und Blätter der Malve.

Kompressen für Verletzungen und blaue Flecken macht man mit Absuden der getrockneten *Wurzeln* der *Primula officinalis* (Himmelsschlüssel oder Schlüsselblume).

Der *Auszug* verlangt nur, daß die Pflanze mehrere Stunden lang in der Menge kalten Wassers angesetzt wird, die man trinken soll und die man zum Gebrauch erwärmt, ohne sie kochen zu lassen. Zum Beispiel Melisse gegen Kopfschmerzen und schlechte Verdauung.

Der Auszug läßt der Blüte ihren Duft, während die Absud zwar das heilende Prinzip verstärkt, aber den Duft meist zerstört.

Im Kräuterraum kann man natürlich auch die Pflanzen trocknen, die als Küchenkräuter zum Würzen verwendet werden.

Der Große Wegerich ist, frisch gepflückt, wirksam gegen Wespenstiche (den Stachel vorher herausziehen!) wie auch gegen Brennesseln, wenn man zerdrückte Blätter auf die brennende Stelle reibt. Aber die Ähre der Pflanze läßt man stehen, denn kleine Vögel fressen die Samenkörner gern.

Wichtiger Ratschlag. Nur solche „Arzneipflanzen" pflücken, die man genau kennt und deren Heilkräfte von gutunterrichteten Personen (Eltern, Apotheker) bestätigt worden sind. Sie sollten auch die Anwendungsweise und die notwendige Dosis nennen.

ECHTE KAMILLE

LINDE

MINZE

GROSSER WEGERICH

THYMIAN

◀ *Noch gefräßiger als der Marienkäfer ist seine Larve, wenn sie eine
Kolonie der Blattläuse findet.*

Eilig läuft ein kleines Tier an einem Grashalm empor. Man sieht das Geschöpf unter dem blanken und
glänzenden Schild seiner Flügeldecken kaum. Doch da
teilen sich die beiden Hüllen, und die rote Perle, von
sieben schwarzen Punkten markiert, entfaltet die beiden winzigen, durchsichtigen Flügel und fliegt davon:
der Marienkäfer. Er fliegt nicht sehr weit. Auf einer
Knospe läßt er sich nieder, an der Blattläuse saugen,
diese Schädlinge, die sich in einem unvorstellbaren
Maßstab vermehren und von denen sich der Marienkäfer ernährt.

Er ist nicht der einzige, der in die Blattlauskolonien
einbricht. Da gibt es auch die „Blattlauslöwen", die
Larven der Florfliege, dieses schönen Insekts von zar-
tem Grün, mit den durchsichtigen Flügeln und den
goldenen Augen, das wir vielleicht schon einmal an der
Decke eines Zimmers über der an einem Sommer-
abend angezündeten Lampe bewundert haben. Und
natürlich beteiligen sich auch die Insektenfresser unter
den Vögeln, vor allem die Meisen, daran.

Aber unter den Blattläusen laufen da auch einige
Ameisen. Eine Lupe oder das Fernglas helfen uns sehen.

*Dieses Insekt sieht man abends
häufig an der Decke, von unseren
Lampen angezogen, die es mit
seinen großen goldgrünen Augen
betrachtet. Diese Florfliege gehört
derselben Familie an wie die
Viehbremse.*

*Eine Blattlaus gräbt den Saugrüs-
sel tief in die Pflanze, pumpt den
Pflanzensaft und scheidet einen
Tropfen Honigsaft aus, den eine
Ameise gierig aufleckt. Danach
will sie eine andere „melken", und
schon schwillt sie an. Sie kehrt
darauf in den Bau zurück und
macht sich ihren Schwestern be-
merkbar. Diese betrillern sie mit
ihren Fühlern, und dann verteilt
die Sammlerin ihre Beute.*

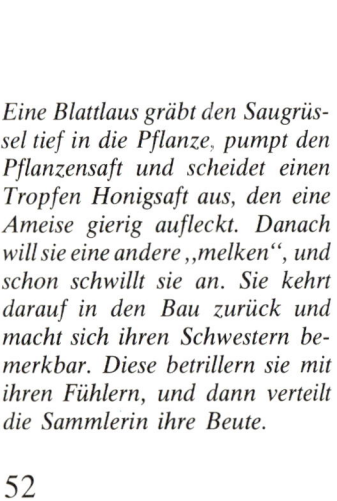

Ob wild oder domestiziert, die Bienen sind soziale Insekten. Wie die Ameisen leben sie nach strengen Gesetzen in Gesellschaft und haben ein genau festgelegtes Programm für ihre Tätigkeiten. Diese Biene ist eine Arbeiterin, eifrig mit dem Pollensammeln beschäftigt.

Die Ameisen sind vielleicht wirklich die Beherrscher der Wiese, da selbst das Kaninchen seinen Bau aufgibt, wenn sich eine Kolonie dieser Hautflügler in der Nähe einrichtet. Die Vögel vermeiden es, ein Nest auf ihren Weg zu bauen, obwohl sie als Ausgewachsene fast alle gern ein... Ameisenbad nehmen, um sich die Federn mit der Ameisensäure zu säubern, die von den Insekten ausgeschieden wird.

Kleine, fast durchsichtige gelbe und schwarze Ameisen, gewöhnliche Wiesenameisen, bauen ihre Nester unter Steinen, auch sie staatenbildende Insekten wie Bienen und Termiten.

Die Ameisen sorgen für ihre Blattlausherden und tragen sie bei Bedarf auf frische Zweige, die reich an Saft sind. Diese merkwürdigen Ameisen interessieren sich übrigens nicht nur für Blattläuse. Sie leben zusammen mit den Raupen des Schönen Argus und anderer Bläulinge, denn diese verfügen über eine zuckrige Substanz, die sie aus einer Drüse am hinteren Teil des Rückens abschneiden. Während dieser hübsche Schmetterling auf die Blüten der Böschung und der Hecke fliegt, leben seine Raupen von März bis September auf den Leguminosen, vor allem aber auf Sauerampfer. Die Parasiteninsekten, die ihnen schaden könnten, wagen es nicht, diese Schützlinge der Ameisen anzugreifen. Außerdem sichert das Aussehen – ein mehr oder weniger helles Grün mit einer rötlichen oder gelblichen Rückenlinie – diesen Raupen auf den Pflanzen eine ausgezeichnete Tarnung für den Blick der Vögel.

Die Schmetterlinge haben, ganz wie ihre Raupen, auch selbst Verteidigungsmittel. Manche breiten beispielsweise die Flügel in der Ruhe nicht aus. Sie schieben die Oberflügel zwischen die Unterflügel. Das Graubraun der oberen Flügel läßt sie dann mit dem Boden, den Steinen, trockenen Zweigen oder der Baumrinde verschmelzen.

Der Kohlweißling ist bekannt. Er fliegt in zwei Generationen von Frühling bis Herbst. Seine Raupen, die einzeln oder in kleinen Gruppen vor allem auf Gemüsepflanzen leben, sind bläulichgrün und haben drei gelbliche Längsbinden. Sie können auf großen Kohlfeldern ungeheuren Schaden anrichten. Hier stimmt das natürliche Gleichgewicht nicht mehr.

Der Schöne Argus legt mehrmals Eier. Die letzten Raupen überwintern als Puppen und schlüpfen im Frühjahr aus. Deshalb sieht man ihn von März bis zum Herbst.

Der Kohlweißling findet sich auf Blättern der Kapuzinerkresse.

Das Tagpfauenauge fliegt rasch und lebhaft, segelt manchmal und sitzt gern in der Sonne mit ausgebreiteten Flügeln, da die augenförmigen Zeichnungen Vögel abschrecken. Seine Raupe verwandelt sich in 8 aufeinanderfolgenden Etappen zur Puppe. Im Innern dieser Puppe, die kopfüber hängt, entsteht der Schmetterling *Inachis io*.

Am Tage

Der Schwalbenschwanz, *Papilio machaon,* fliegt im Mai und im Juli-August. Seine Raupen schätzen besonders die Mohrrüben, den Fenchel und andere Doldengewächse. Er überwintert im Puppenstadium, aus dem die Frühlingsgeneration entsteht. Man sieht ihn hier neben der leeren Puppenhülse, die auf dem Rücken aufgerissen ist. Ein wenig später wird er die Flügel ausstrecken, damit sie fest werden.

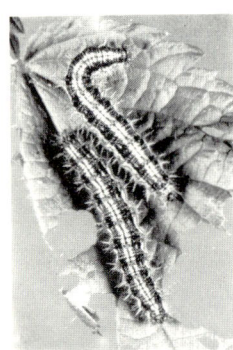

Zu derselben Familie wie das Tagpfauenauge gehört der Kleine Fuchs, *Aglais urticae,* einer der häufigsten Tagschmetterlinge vom Frühling an. Häufig nennt man ihn Brennesselfalter, weil seine Raupen von Mai bis September in Gruppen auf den Brennesseln leben. Auffällig sind die dornbesetzten Warzen der Raupe.

Flügel auf der Wiese

...und am Abend

Das Widderchen fliegt, obwohl mit den eigentlichen Tagfaltern nicht verwandt, tagsüber weich umher und bleibt stundenlang sitzen! Es scheidet bei Gefahr eine giftige Flüssigkeit ab, deren unangenehmer Geruch ebenso wie die Färbung des Widderchens die Feinde unterrichten, daß es nicht ratsam ist, diesen Schmetterling zu fressen. Die Raupen leben auf Geißblatt und Geißbart und hängen sich zum Verpuppen an hohe Grashalme.

Der Bärenspinner mit lebhaften Farben auf den unteren und Streifenzeichnung auf den oberen Flügeln ist für Vögel nicht besser verdaulich als das Widderchen. Die sehr behaarte Raupe lebt auf fast allen niedrigen Pflanzen und ist häufig Wirt von parasitären Larven einer großen Fliege, die sich von den Geweben der Puppe ernähren und diese völlig aushöhlen.

Das Große Nachtpfauenauge, *Saturnia pyri*, trägt, wie man sieht, Zeichnungen in Augenform oder Ozellen auf den vier Flügeln. Sie bilden ebenso einen Schutz wie die neutralen Farben, die es dem Falter erlauben, in der Dämmerung mit der Umgebung zu verschmelzen. Die mit langen Haaren oder Borsten versehene Raupe verpuppt sich in einem birnenförmigen Kokon, der an einem Zweig aufgehängt ist.

IM LAND DER VERWAND- LUNGEN

Wir wollen nun die Verwandlungen, die ein Schmetterling im Lauf seines Lebens durchmacht, näher betrachten. Beginnen wir mit einem Versuch:

Auf der Unterseite von bestimmten Pflanzenblättern haben wir Eier aufgespürt oder Raupen mitgenommen. Die Pflanzen, auf denen sie sich befinden und die häufig ihre ausschließliche Nahrung bilden, notieren wir.

In ihrem Blätterzelt durch Seidenfäden vereinigt, die sie gesponnen haben, fressen und fressen die Raupen des Kleinen Fuchs. Bald ist alles aufgezehrt, und sie wechseln auf eine andere Pflanze über, bis sie sich verpuppen.

Zu Hause kommt die Beute ins Vivarium oder in ein großes Glas mit sauberem Sandboden, weder zu trocken noch zu naß und mit feinem Stoff zugedeckt, den ein Gummiring festhält. Das Glas wird vor der Sonne geschützt aufgestellt.

Etwa drei Wochen verstreichen zwischen der Eiablage und dem Ausschlüpfen. Zur gegebenen Zeit schlüpfen die winzigen Räupchen aus den Eiern, und wir haben die Freude, sie heranwachsen zu sehen. Allerdings muß man dafür sorgen, ihren „Käfig" immer mit dem ihnen zusagenden frischen Futter zu versehen. Andernfalls entwickeln sich die Raupen nur kümmerlich, oder sie gehen ganz ein.

Auf den Blättern der Brennessel sieht man die schwarz-gelben Raupen des Kleinen Fuchses innerhalb von drei Wochen heranwachsen, wobei sie sich viermal häuten.

Man braucht aber, wie gesagt, jeden Tag frische Brennesseln. Hin und wieder zerstäubt man ein wenig klares Wasser: viele Raupen trinken. Sind sie beunruhigt, werden sie häufig zu Fleischfressern und verzehren sich gegenseitig.

Nach fünf bis sechs Wochen ihres Daseins verwandeln sie sich in Puppen. Noch zwei, drei Wochen Geduld; dann sieht man einen prächtigen Schmetterling aus dieser anscheinend leblosen Masse hervorkommen, an der man dennoch einige Partien des künftigen Schmetterlings schon ahnen konnte.

Es ist wunderbar, den Kleinen Fuchs aus der aufgerissenen Hülle der Puppe herauskommen zu sehen. Und dann tut er, vom Licht geblendet, die ersten Schritte. Seine Flügel hängen noch wie nasse Säcke herab. Er läßt Blutflüssigkeit in die Adern der Flügel strömen, und diese richten sich auf. Nun ist er bereit davonzufliegen!

Welche Freude, den Deckel vom Vivarium abzuheben und seinem Flug nachzuschauen!

Ein Mini-Zoo

Eine Hummel saugt den Nektar aus einer Geißblattblüte. Man sieht mit der Lupe, wie sie sich ihrer langen Zunge bedient. Aber sie bleibt nicht sitzen, und dabei hätte man so gern noch länger, noch genauer hingesehen.

Noch schwieriger ist es, die Marienkäfer, die Ohrwürmer, die Heuschrecken, die Mistkäfer und eine Menge anderer Insekten in der Natur von nahem zu beobachten. Also beobachtet man sie in Gefangenschaft.

Eine durchsichtige Plastikdose kann vorübergehend eine sehr brauchbare Wohnung für ein Insekt abgeben. Wenn man nicht weiß, welche Tiere sich miteinander vertragen, hält man am besten immer nur ein Insekt auf einmal. Der Deckel wird an vielen Stellen mit Hilfe einer erhitzten Metallstricknadel oder eines Eisendrahtes durchstochen; so kann man ein wenig Wasser in den Behälter stäuben, um die Blätter zu besprengen und den Durst des Tieres zu löschen.

Der Mini-Zoo soll nie unmittelbar im Sonnenlicht stehen. Sobald die Beobachtungen abgeschlossen sind, läßt man die Gefangenen so schnell wie möglich wieder frei. So lernt man die am meisten verbreiteten Insekten kennen und verliert auch Scheu und Ekel vor ihnen.

In der Schul- oder Stadtbücherei findet man vielleicht einen entomologischen Atlas. Als Ratgeber kann man ferner jedes große Lexikon heranziehen, wo unter dem Schlagwort „Insekten" meist farbige Bildtafeln zu finden sind. So wird man die Namen dieser Gäste der Wiese selbst bestimmen. Andernfalls muß man einen Gärtner, einen Lehrer oder andere Fachleute befragen.

gelochter Deckel

Futterpflanzen

Boden

Eine Hummel, eifrig beschäftigt, in einer Geißblattblüte. Unterlippe und Kiefer der Hummel sind in einen langen Rüssel verwandelt, mit dem sie den Nektar auf dem Grund einer röhrenförmigen Blüte sammelt. Deshalb wird sie für die Befruchtung von Luzerne und Klee geschätzt.

Je nach der Art bauen die Hummeln ein Nest im Moos oder unter der Erde oder auch unter Steinen. Sie leben in Staaten von 50 bis 300 Mitgliedern, unter denen es Weibchen, Männchen und Arbeiterinnen gibt.

Der Steinkauz, Oberseite braun, weißlich gefleckt, große, goldene Augen, nistet in altem Gemäuer, in Scheunenecken, in Baumlöchern und manchmal sogar in einem Kaninchenbau. Man sieht ihn häufig am hellen Tag.

Vom Winter an rufen die Steinkäuze: die Brut beginnt früh in der Jahreszeit, denn die Jungen bleiben lange im Nest. Sie brauchen viel Futter, gerade wenn Insekten und kleine Nager aus dem Winterschlaf erwachen und mit ihren Tätigkeiten beginnen.

Die Wiese hat also ihre Tagschmetterlinge mit keulenförmig endenden Fühlern und ihre Nachtfalter, deren Fühler fadenförmig und bisweilen hübsch mit Wimpern geschmückt sind. Andere Bewohner sind eher an ein Leben im Sonnenschein, in der Dämmerung, ja sogar in der Nacht angepaßt; der Igel etwa.

Die Wiese hat aber auch ihre nächtlichen Vögel mit lautlosem Flug. Wenn die Sonne am Horizont untergeht, verläßt die Feldmaus ihr Nest in der Hecke, um Getreide zu sammeln, und dann machen sich die Schleiereulen aus der alten Scheune auf die Jagd!

Man braucht die Nützlichkeit dieser Greifvögel nicht mehr zu betonen. Ein Naturwissenschaftler, der ihr Verhalten lange beobachtete, stellte danach fest: „In einem Jahr würgt eine Schleiereule 700 Gewölle mit Nagetierresten im Gesamtgewicht von 50 kg aus!" Er hat diese 50 kg Gewölle analysiert und die Knochen von 213 kleinen Nagern, 16 Ratten, 13 Sperlingen, 1 Maulwurf gefunden. Dennoch gibt es Jäger und Bauern, die sie als schädliche Tiere töten!

Das gleiche gilt übrigens für die Tagraubvögel: den Turmfalken, den Sperber, den Bussard. Leider sieht man diese Vögel immer seltener über unsern Wiesen schweben. ALLE RAUBVÖGEL WERDEN VOM GESETZ GESCHÜTZT. Der Bund für Vogelschutz und andere Vereine erstatten, wenn sie von der Tötung von Raubvögeln erfahren, Anzeige, und das Gesetz sieht strenge Strafen vor.

Die Schleiereulen jagen also in der Dämmerung. Vielleicht gibt es auch einen Steinkauz in der Höhle des alten Apfelbaums, und der Waldkauz, der tief im Gehölz lebt, kommt oft ins Freie auf die Wiese heraus. Die Nacht ist gekommen, belebend nach der Hitze des Sommertages. Das Leben auf der Wiese geht weiter. Die Wiese schläft nie.

Der Waldkauz mit seinem runden Kopf, den großen, schwarzen Augen, dem bräunlichroten Gefieder ist grau gezeichnet und über die ganze Länge (38 cm) schwärzlich gestreift. Er verbirgt sich tagsüber in einem Baum oder einer Scheune, doch sobald die Nacht kommt, jagt er im Flug geschickt und lautlos.

Das zweite Ei dieser Waldkauzmutter wird bald gelegt werden (bisweilen bis zu 6 Stück). Auf dem Boden findet man eine Menge Gewölle, die sie hier während ihrer Brut von 28 bis 29 Tagen ausgewürgt hat.

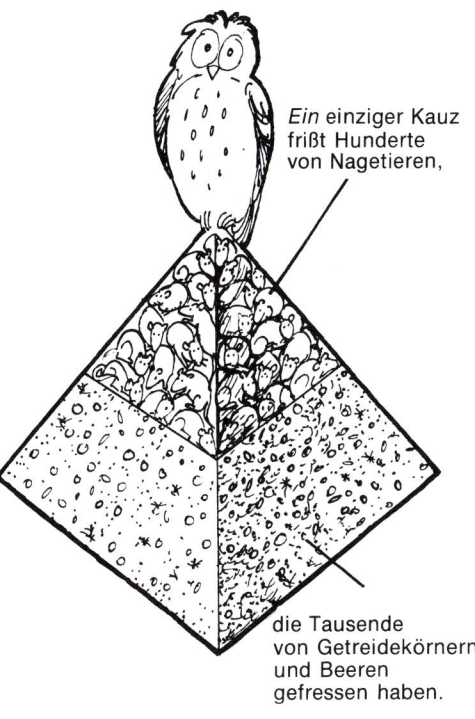

Ein einziger Kauz frißt Hunderte von Nagetieren,

die Tausende von Getreidekörnern und Beeren gefressen haben.

Schleiereulenfamilie. Der Bauch der Ausgewachsenen und das Gesicht sind reinweiß. Der Ort für den Nestbau wird dem Weibchen vom Männchen durch besondere schnarchende Laute bezeichnet.

Gewölle – was ist das ?

Die Magensäfte der Raubvögel können die Haare der Nager, die Federn der kleinen Vögel, die Rükkenschilde der Käfer, die sie fressen, nicht zerkleinern und auflösen. Diese Vögel scheiden auch keine Salzsäure ab, die die verschlungenen Knochen zersetzen. Daher werden alle diese Reste in Form von „Gewöllen" wieder ausgewürgt, wie sie hier auf dem Boden einer von Schleiereulen bewohnten Scheune fotografiert worden sind.

Wenn die Nachtraubvögel am Rand der Wiese wohnen, kann man Gewölle im Gras verstreut finden, denn die Vögel würgen das erste Gewölle mitten in der Nacht aus – nach der Verdauung der geschlagenen Beutetiere – und ein zweites, während sie im Lauf des Tages schlafen.

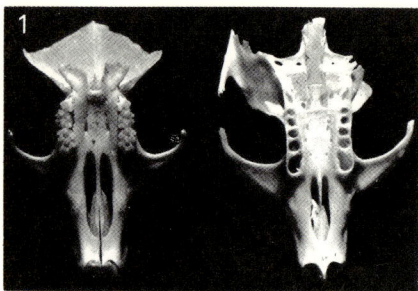

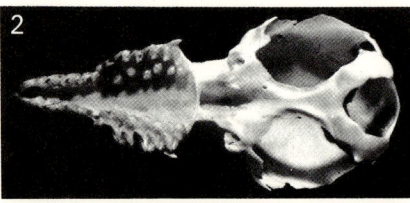

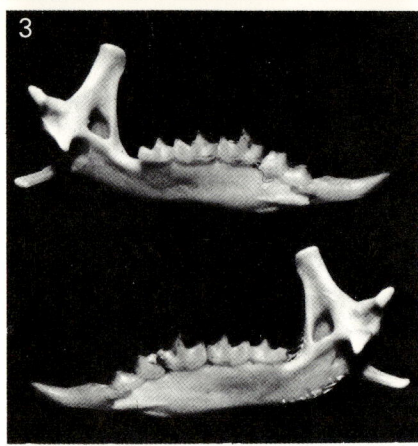

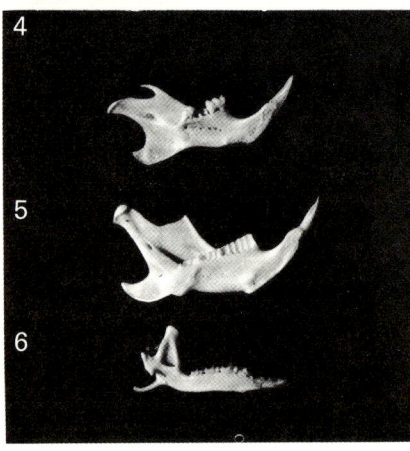

Wir nehmen einige Gewölle zur Untersuchung in einem Plastikbeutel mit nach Haus. In einer Schale mit Wasser lassen wir sie bis zum nächsten Tag weichen und bereiten farbiges Löschpapier vor, dazu eine große Nadel, in einem Korken befestigt, sowie eine kleine Pinzette.

Als erstes legt man sorgfältig den Filz aus Haaren auseinander, der das Gewölle einhüllt und nimmt heraus, was sich im Innern befindet. Meist findet man Schädel, Kiefer, Zähne und Schnäbel. Wir legen sie nebeneinander auf das Löschpapier. Die Fotos zeigen einige solcher Knochen, die man zu identifizieren hat.

Wir waschen die Knochen in mehrmals erneuertem Wasser, dem man zuletzt etwas Bleichmittel zusetzt. Man läßt sie mehrere Stunden bleichen und spült sie dann unter dem Hahn ab und läßt sie gut trocknen. Auf den Fotos sind die typischen Merkmale zu erkennen; durch Vergleichen läßt sich meist erkennen, was der gefundene Knochen darstellt.

Die Schneidezähne der Nager sind gekrümmt, und zwar die des Unterkiefers weniger stark als die des Oberkiefers. Jeder Nager besitzt vier: 2 oben und 2 unten.

Wenn man die Umgebung des Nestes sorgfältig absucht, kann man feststellen, wie viele Mäuse ein Kauz an einem einzigen Tag gefressen hat.

Wer augenscheinlich beweisen will, daß Eulen und Käuze weder Unglücksbringer noch Schädlinge sind, sondern Helfer der Landwirtschaft, befestigt die Knochen der Nagetiere mit Klebstreifen oder Klebstoff auf schwarzem Karton.

Dazu wird das Datum notiert, an dem man die Gewölle gefunden hat. Fotos von nächtlichen Raubvögeln (Uhu, Waldohreule, Waldkauz, Schleiereule, Steinkauz), kann man aus Zeitschriften ausschneiden. Dieses Material ergibt eine kleine Ausstellung, die die Nützlichkeit dieser verkannten Vögel zeigt. Schule, Freizeitheim, Haus der Jugend, Sparkasse oder andere Räume könnten doch einmal eine solche Ausstellung aufnehmen.

Schädel: 1. Feldmaus, links mit, rechts ohne Zähne (2fache Vergrößerung). 2. Spitzmaus (Vergr. 2¹/₂fach).
Kiefer: 3. Spitzmaus (Vergr. 4fach). 4. Feldmaus (Vergr. 2fach). 5. Waldmaus (Vergr. 1³/₄fach). 6. Spitzmaus (Vergr. 1¹/₂fach).

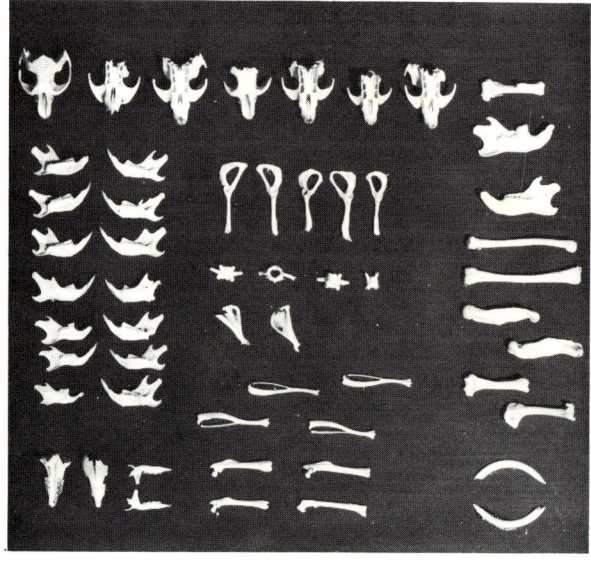

Die Tagraubvögel

Der *Habicht*, 50 cm bei 1 m Spannweite, ist graubraun und hat als ausgewachsenes Tier die Unterseite des Körpers hell- und dunkelgrau gebändert. Der Schwanz weist 4 breite Binden auf. Er ist selten, da er als Taubenjäger allzuviel erlegt worden ist. Er nistet im Wald in großer Höhe.

Der *Schwarzmilan*, dunkelbraun, mit graubraunem Kopf und wenig gegabeltem Schwanz. Bei 57 cm Länge spannt er 120 cm. Man bemerkt ihn in der Nähe von Wasser, wo er auch kleine ertrunkene Tiere sucht.

Der *Mäusebussard*, 53 cm, Flügelspannweite bis zu 130 cm, ist braun mit mehr oder weniger heller Zeichnung, je nach Individuum. Er sitzt häufig auf einem Zaun oder einem Strohhaufen auf Anstand, rüttelt aber beim Flug auch gelegentlich am Ort.

Der männliche *Sperber* ist um ein Drittel kleiner als das Weibchen (28 zu 38 cm). Rücken dunkelschiefergrau. Wie beim Habicht ist die Unterseite des Körpers gebändert (gesperbert). Fängt durch Überraschung die kleinen Sperlingsvögel, deren Populationen er reguliert.

Der *Turmfalke*, 34 cm bei 75 cm Spannweite, hat spitze Flügel, sein Schwanz ist weit länger als beim Milan (beim Männchen ebenso grau wie der Kopf). Steht im „Rüttelflug" an einer Stelle. Ist bis 3000 m Höhe anzutreffen.

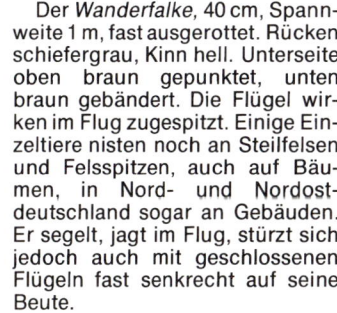

Der *Wanderfalke*, 40 cm, Spannweite 1 m, fast ausgerottet. Rücken schiefergrau, Kinn hell. Unterseite oben braun gepunktet, unten braun gebändert. Die Flügel wirken im Flug zugespitzt. Einige Einzeltiere nisten noch an Steilfelsen und Felsspitzen, auch auf Bäumen, in Nord- und Nordostdeutschland sogar an Gebäuden. Er segelt, jagt im Flug, stürzt sich jedoch auch mit geschlossenen Flügeln fast senkrecht auf seine Beute.

Wir machen Drucke

Der Tisch, an dem wir arbeiten, wird zunächst mit einer dicken Schicht Zeitungsblätter geschützt, die man so glatt wie möglich auslegt.

Der Abdruck mit Farbe oder Tinte

Man bestreicht das ausgewählte Blatt mit dicker Deckfarbe. Dazu benutzt man eine Fingerspitze. Oder man trägt Tinte mit einem Stück künstlichem Moos auf. Das Blatt wird mit der bestrichenen Seite auf ein sauberes Blatt weißes Papier gelegt und mit einem zweiten Blatt Papier bedeckt. Dann drückt man gleichmäßig auf das ganze Pflanzenblatt, damit sich die Farbe auf das Papier überträgt.

Wir heben das Pflanzenblatt ab – und haben eine farbige Reproduktion erhalten, die wir sorgfältig ausschneiden.

Auf diese Weise kann man Blätter auch auf Stoff drucken oder auf Papier, dessen Farbe man so wählt, daß sich die Blattabdrücke gut abheben. Man kann auch mehrere Blätter harmonisch gruppieren, um ein Bild zu erhalten oder ein Wandgemälde herzustellen.

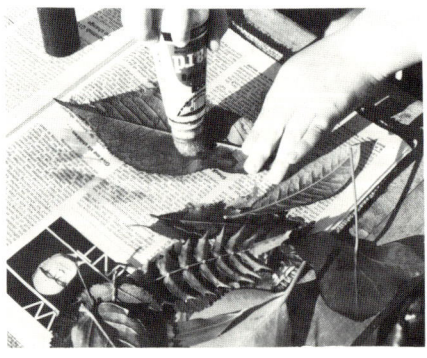

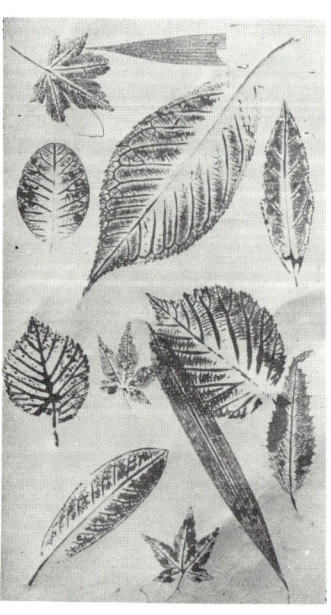

Silhouetten im Siebdruck

Die ausgeschnittenen Blätter lassen sich auf einen Bogen Zeichenpapier anordnen, nachdem man Deckfarbe in verschiedenen Tönen *sehr flüssig* vorbereitet hat. Schürze nicht vergessen ...!

Nun hält man über die Blätter ein Stück feines Drahtgeflecht und streicht mit einer in Farbe getauchten Zahnbürste darüber. Dann hebt man die Blätter mit äußerster Sorgfalt ab – und kann die hübschen Umrisse bewundern, die durch den Regen feinster Farbtröpfchen entstanden sind.

Andere Techniken für Blattsilhouetten

Silhouetten erhält man auch, wenn man das Papier rund um das Pflanzenblatt mit leichten Schlägen betupft, entweder mit einer kleinen Bürste oder einem Stück Schwamm oder sogar mit dem Finger, den man vorher in Deckfarbe getaucht hat.

Eine Abtönung entsteht, wenn man die Dichte der Tupfer allmählich verringert, je weiter man sich vom Rand des Pflanzenblattes entfernt. Farbphantasien erreicht man durch Tupfer verschiedener Farbe übereinander, die mit der Grundfarbe des Papiers harmonieren.

Gut wirkt es auch, wenn man die Blätter auf dem Papierbogen verrückt und dann das Aufsprühen der Farbe mit dem gleichen Ton oder mit anderen Tönen wiederholt.

Bei der Tupftechnik darf der „Tampon" nicht zu naß sein, und man muß das Blatt beim Verrücken vorsichtig anheben, damit man nichts verwischt.

Es ist durchaus möglich, das Blatt selbst danach auch anzumalen, ganz oder teilweise: die Möglichkeiten sind unbegrenzt.

Wenn man allein arbeitet, ist ein feiner Kamm vielleicht einfacher zu halten als ein Drahtgeflecht.

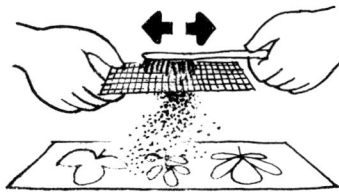

Die in diesem Siebdruckverfahren hergestellten Blattumrisse eignen sich dazu, Schutzumschläge von Büchern, Heften, Herbarien, Mappen, Packungen für Briefpapier, Programme, Tafeln für Ausstellungen u.a.m. zu schmücken.

Konservieren von Sträußen

Wenn man besonders hübsch belaubte Zweige konservieren will, ohne daß sie welken, muß man sie sehr ordentlich abschneiden und in eine Vase stellen, die mit einem Drittel Glycerin und zwei Dritteln Wasser gefüllt ist. Die Zweige saugen sich im Lauf einiger Tage mit diesem Gemisch voll, und die versteinerten Blätter welken nicht mehr. In den feuchten Sand einer Schale gesteckt, geben sie einen hübschen Winterstrauß.

Dauersträuße

Wir trocknen im Kräuterlaboratorium Immortellen (Strohblumen) und Gräser. Damit sich die Blütenblätter nicht lösen, besprühen wir sie mit irgendeinem farblosen Haarspray.

Behandelte Laubzweige, Immortellen, Gräser, Waldrebenzweige, an denen sich noch die Fruchtquasten befinden, ergeben elegante Dauersträuße in einer Vase aus Keramik, Kupfer oder lasiertem Ton.

Um ein Blatt intakt zu halten

Im Kaufhaus oder im Papierwarenhandel gibt es durchsichtiges Cellophanpapier in kleinen Mengen, das auf der einen Seite klebt und das man benutzt, um glänzende Schutzhüllen für Bücher zu machen. Dieses Papier schneidet man in Vierecke, zieht dann das Deckpapier ab und legt das zu konservierende Blatt auf die klebende Oberfläche.

Man legt nun ein zweites klebendes Viereck auf das Blatt, so daß es zwischen zwei Cellophanpapieren liegt, und preßt das Ganze kräftig. Das Blatt bleibt jahrelang erhalten. Mit der Zeit kann man eine richtige kleine Sammlung anlegen. Dann sollte man wohl einen Zettel beifügen, auf dem der Name des Baumes oder der Pflanze mit Ort und Datum des Fundes eingetragen ist.

▼

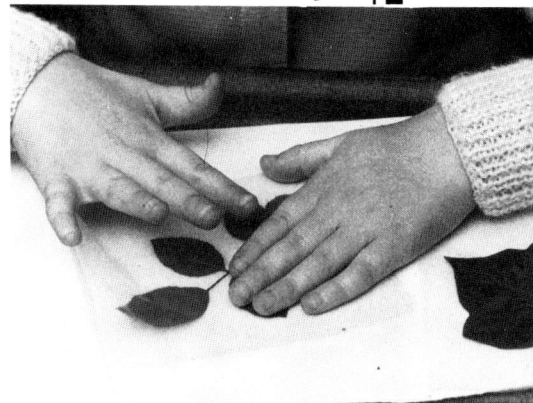

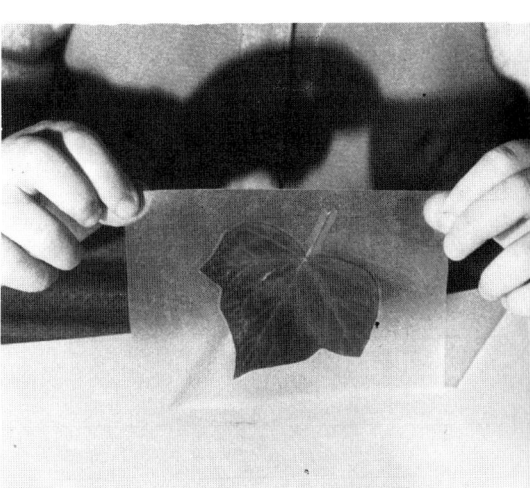

Im Herbst

Das Dorf in der Nähe der Wiese wacht an einem Septembermorgen in dichtem, pilzig riechendem Nebel auf. Die Bäume sind hoch verschleiert, und die Vögel fliegen niedrig. Doch während der Nebel allmählich am Hügelhang über den Wiesen hinaufsteigt, wird er durchsichtiger und wärmer, und die Sonne schimmert hindurch.

Die Grenzen der Wiese bilden die Hecken: Waldrebe und Winde ranken daran empor, und überall pikken Vögel. Von der Böschung auf der anderen Straßenseite fliegen mit schweren Flügelschlägen Rebhühner auf. Endlich hat die Sonne den Nebel besiegt. Rote Wildfrüchte sprenkeln das schon matter werdende Grün der Hecke. Zinnoberrote Hagebutten, karmesinrote Weißdornfrüchte, auch „Mehlbeutel" genannt, und im Gestrüpp die orangeroten Beeren des gefleckten Aronstabes. Die winzigen Früchte des Sauerampfers haben sich rostrot gefärbt, und die Kamille lockt Schwärme von Fliegen an.

In der Hecke tut sich die Waldmaus gütlich an den Hagebutten und verschmäht auch die „Mehlbeeren" des Weißdorns (unten) nicht.

Die Distelblüten bedecken sich mit Flaum, und am Waldsaum klatschen die Ringeltauben bei ihren Streifzügen mit den Flügeln. Hinter der Scheune wachsen üppig Brennesseln, und schon liegt welkes Laub um sie her. Die Eiche ist noch grün, doch die anderen Bäume am Waldrand nehmen wärmere Farben an. Die Dornbüsche am Ende der Wiese sind mit goldenen Kronen besteckt, die Stechginstersträucher, die alle im Herbst noch einmal blühen. Die Schwalben bereiten sich auf ihren Abflug vor.

Auf den Böschungen der Wiese zeigt die Distel ihre elegante Silhouette. Ihre Blüten welken im Herbst, nachdem sie im Juli und August Bienen und Distelfalter angelockt haben.

Die Stechginsterbüsche haben ihre goldgelben Blütenkronen wiederbekommen. Der Besenginster hingegen hat zitronengelbe Blüten und besen- oder rutenförmige Zweige. Beim Stechginster sind die Blätter in Dornen verwandelt.

Der September ist die große Zeit der Spinnen. Ihre Netze sind der Schmuck des Morgens, wenn Sonne und Tau darauf liegen. Kristallene Perlen betonen mit schimmernden Punkten das geometrische Muster.

All diese achtbeinigen Tiere spinnen ihre Seide. Die Organe, die den Faden produzieren, sind sehr kompliziert. Sie nehmen einen großen Teil des Hinterleibes ein, und die Abscheidungen laufen durch Röhren verschiedener Form, um schließlich zu den Spinnwarzen zu kommen, deutlich ausgeprägte äußere Anhänge, die das Seidenmaterial bei seinem Austreten zu Fäden formen. Die Spinne versteht in jedem gegebenen Augenblick auf die Sekretion ihrer Drüsen, auf die Öffnung oder Schließung oder die Bewegungen der Spinnwarzen derart einzuwirken, daß sie immer sofort die Art von Seide und die Art von Fadenbeschaffenheit hat, die sie benötigt.

Diese geschickte Spinnerin befreit uns von sehr vielen Fliegen, die fähig wären, die Bakterien und Giftstoffe, die sie auf verwesenden Stoffen aufgelesen haben, zu verbreiten. Niemand sollte die Spinnen kurzerhand töten, selbst wenn einem die Netze nicht gefallen und ihr Aussehen ein wenig Angst machen kann.

Diese beiden Fotos zeigen eine verbreitete Spinne, die Kreuzspinne. Das obere Bild stellt eine Krabbenspinne dar mit ihrer Beute, einer Fliege. Diese Spinnenart lauert meistens in Blüten auf Insekten. Ihrem Überraschungsangriff und starken Gift fallen sogar Bienen häufig zum Opfer. Die Farbe dieser Spinnen wechselt zwischen zartgrün, gelb und weiß. Im Bild darunter sieht man die Kreuzspinne in ihrem Netz.

Die Kreuzspinne und ihr Netz

Die Kreuzspinne ist überall verbreitet, man kann ihr großes Netz leicht beobachten. Die Skizzen auf S. 69 zeigen den Werdegang eines Spinnennetzes.

Die Kreuzspinne beginnt mit der oberen Seite ihres Radnetzes. Zu diesem Zweck spult sie eine bestimmte Fadenlänge ab und verläßt sich darauf, daß der Wind das freie Ende möglichst weit entfernt irgendwo festhakt. Wenn das geschehen ist, klebt die Spinne das Ende, das aus ihren Spinnwarzen kommt, dort, wo sie sich befindet, fest. Nun spinnt sie einen neuen Faden, an dem sie sich abwärts bewegt, dann geht sie auf dem Boden entlang bis zu einer anderen Stütze, an der sie hinaufklettert, bis sie den Punkt erreicht, wo das Ende des ersten Fadens hingeweht ist. Diesen Weg durchläuft die Spinne mehrmals in beiden Richtungen und verstärkt dabei jedesmal den Faden.

Von dieser Basis gehen die den Rahmen begrenzenden Fäden aus. Von hier werden auch die Speichen gesponnen, die von einem Rahmenrad zum gegenüberliegenden laufen und sich alle in einem Punkt treffen und untereinander gleiche Winkel bilden.

Wenn die letzte Speiche gezogen ist, geht die Spinne von der Mitte aus und verbindet die Strahlen durch eine Spirale miteinander. Es entsteht so eine offene vorläufige Spirale, die sämtliche Speichen hält. Diese gesamte Arbeit wird aus „trockenen" Fäden hergestellt.

Erreicht die Kreuzspinne den gewünschten Abstand zum Rand des Radnetzes, so erzeugt sie – in anderen Spinndrüsen – einen klebrigen Faden, mit dem sie, von außen nach innen gehend, die endgültige Spirale zieht, die mit einer Art Leim bedeckt ist und erheblich fester angezogen wird als die erste: diese erste Spirale frißt sie wieder auf, je weiter ihr endgültiges Werk fortschreitet.

Das Netz ist nun bereit, andere Spinnen, Insekten, kleine Asseln zu fangen. Die Spinne frißt, schläft und paart sich in diesem Netz.

Sobald das Netz fertig ist, zieht sie sich entweder ins Zentrum ihres Gewebes oder in ein Versteck in der Nähe zurück, das durch einen Faden mit der aufgestellten Falle verbunden ist. Ist ein Wild in die Falle gegangen, läuft die Spinne hin, durch das Zittern des Netzes verständigt. Mit ihren giftigen Kieferzangen beißt sie das Tier und tötet es; dann saugt sie es aus.

Wenn es reichlich Beute gibt, tötet die gesättigte Spinne ihre Opfer und spinnt sie in eine Tasche von Fäden ein. Die so gebildeten Reserven läßt sie in ihren Gespinstbeuteln dort hängen, wo sie sich im Netz verfangen haben. Wenn das Netz während des Kampfes beschädigt worden ist, repariert die Kreuzspinne den Schaden, indem sie die unbrauchbar gewordenen Fäden auffrißt und neu spinnt.

Man kann dieses Vorgehen leicht beobachten und, wenn es erwünscht ist, provozieren. Man notiert dann die Feststellungen und illustriert sie durch Skizzen. Interessant ist auch, ein mit mehreren eingesponnenen Opfern beladenes Netz oder die noch darin hängenden Hüllen zu beobachten und die Opfer der Spinne zu identifizieren. Keine Sorgen wegen des Netzes! Wenn es beschädigt wird, erneuert es die Spinne in der folgenden Nacht.

Vielleicht entdeckt man das Gelege der Spinne. Einige Zeit nach der Paarung, in deren Verlauf das Weibchen das Männchen frißt, legt das Weibchen bis zu 1000 Eier in einem gelben, rundlichen Behälter in Laub oder auch unter die Rinde eines Baumes oder in irgendeine Ritze. Das Netz wird häufig durch kleine Stückchen von Zweigen getarnt, der Beutel mit den Eiern selbst wird mit einem großen, weißen Netz umgeben, auf dem sich das Weibchen bis zu seinem Tod gegen Ende des Herbstes aufhält. Die Jungen schlüpfen erst im Frühjahr.

Wer es fertigbringt, Kreuzspinnen zu fangen, um sie zu untersuchen, setzt sie am besten nicht zu mehreren in ein durchsichtiges Glas: am nächsten Morgen wäre nur noch eine einzige am Leben; und auch diese oft tödlich verletzt durch zahlreiche Wunden. In der Freiheit suchen sich Spinnen derselben Art nicht auf, um sich zu vernichten, doch sie dulden es nicht, daß man sie zwangsweise in eine gemeinsame Wohnung bringt.

Es gibt sehr viele verschiedene Spinnenarten in unserm Land, und jede hat ihr charakteristisches Netz; gerade im September sieht man sie häufig.

Amerikanische Astronauten nahmen eine Spinne mit in ihr Raumlaboratorium, um zu beobachten, ob das Tier in der Schwerelosigkeit sein Netz ebenso baut wie auf der Erde: es ließ sich nicht stören.

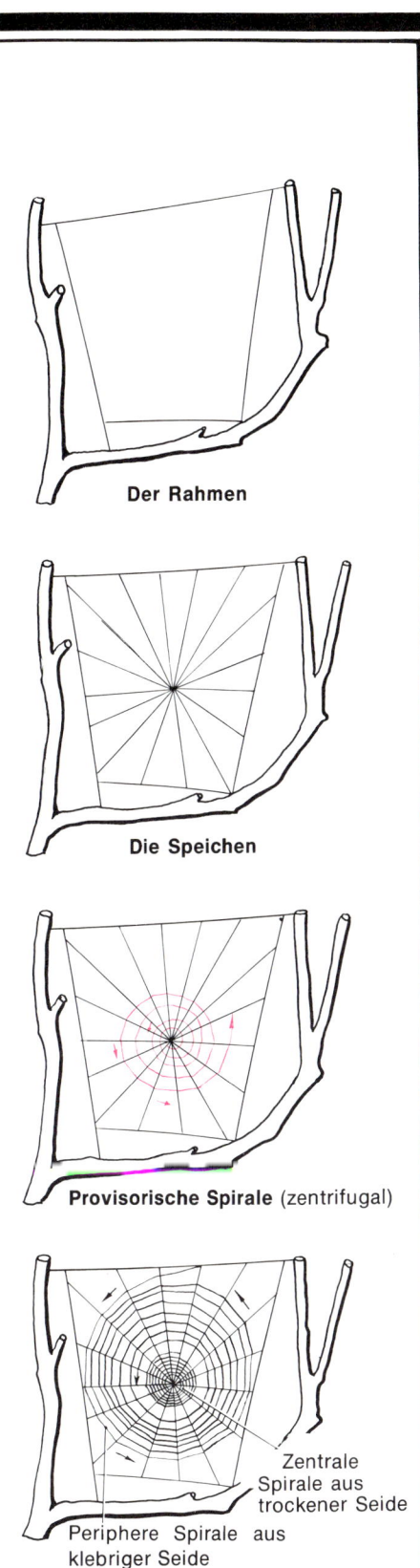

Der Rahmen

Die Speichen

Provisorische Spirale (zentrifugal)

Zentrale Spirale aus trockener Seide

Periphere Spirale aus klebriger Seide

Endgültige Spiralen (zentripetal)
(Provisorische Spirale zerstört)

SPINNEN-NETZE UND SCHMUCK-FORMEN

Ein Spinnennetz mit seiner eigentümlichen geometrischen Zeichnung kann Grundlage für eine interessante dekorative Komposition sein.

Zunächst beobachtet man das Netz und zeichnet es mit Bleistift – nicht zu klein, indem man geeignete Bezugspunkte wählt. Nun wählt man die Teile der Zeichnung aus, die mit Farben ausgefüllt werden oder die weiß bleiben sollen, so daß eine Art unregelmäßiges, aber gut ausgewogenes Mosaik

entsteht, wie die beiden Beispiele unten andeuten.

Solche Schmuckformen kann man benutzen, um einen Wandteppich, vielleicht in Applikationstechnik, zu machen, nachdem man die Formen in den gewünschten Maßstab übertragen hat. Sie ergeben auch hübsche gestickte Kissen oder Handarbeiten aus Filzstücken, die aneinander genäht werden. Auch ein sehr dekoratives Wandgemälde kann man in dieser Art anfertigen.

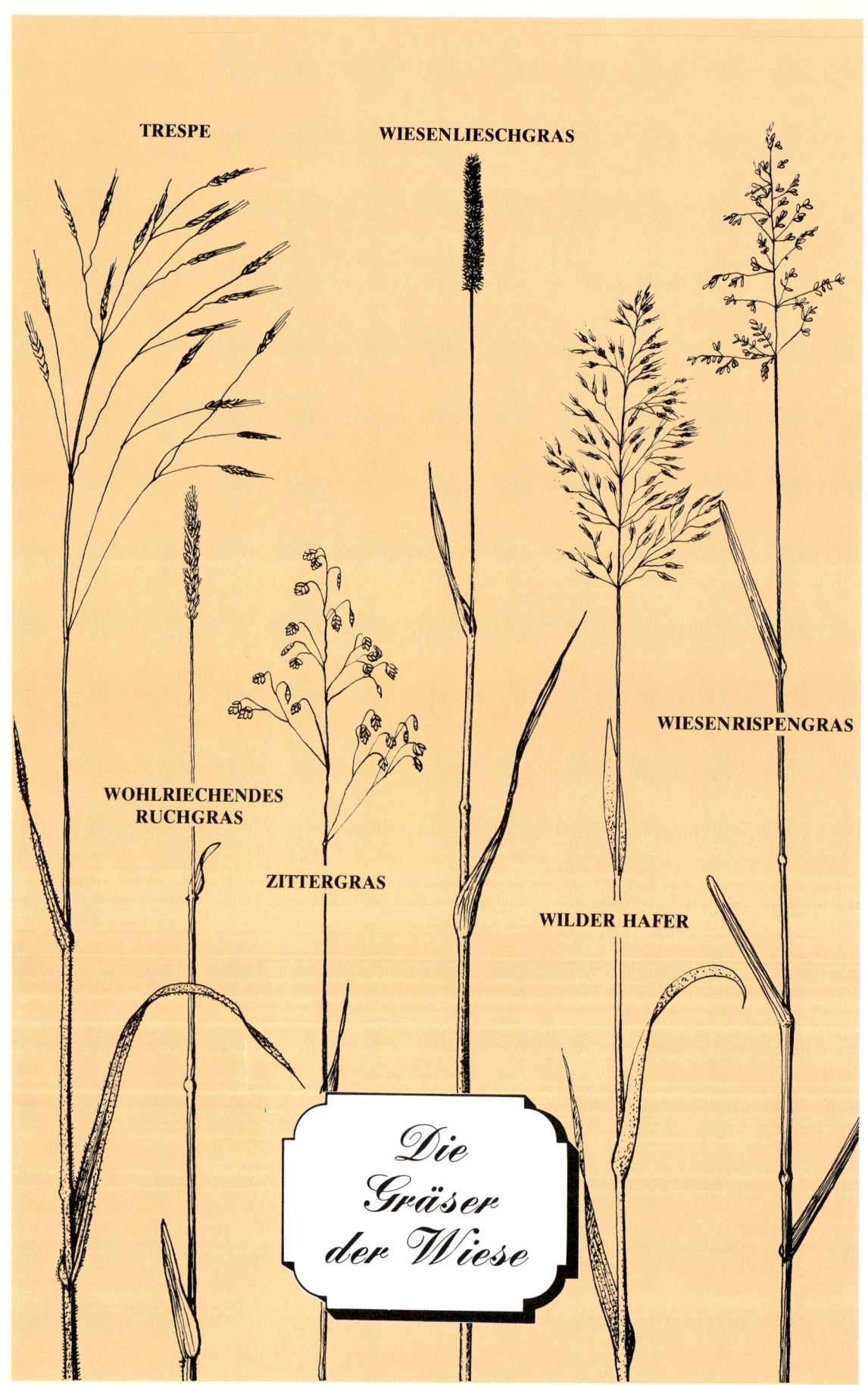

TRESPE

WIESENLIESCHGRAS

WIESENRISPENGRAS

WOHLRIECHENDES
RUCHGRAS

ZITTERGRAS

WILDER HAFER

Die
Gräser
der Wiese

Skelettierte Blätter

*Bald nimmt der Herbst die Schere
und schneidet sich
die Blätter von den Bäumen.*
　　　　　Detlev von Liliencron

*Auch Glückwunschkarten kann
man so selbst machen. Die skelet-
tierten Blätter werden auf Karton
geklebt.*

*Um ihre Farben so gut wie mög-
lich zu erhalten, muß man sie zwischen Zeitungsblätter und unter
die Presse legen wie die Pflanzen
für das Herbarium.*

*Wer Blätter benützt, um
Schmuckbilder daraus zu machen, macht durch einen Firnis-
anstrich die Farben kräftiger.
Kleine Vogelfedern, die man auf
der Wiese gesammelt hat, lassen
sich harmonisch mit diesen Blättern verarbeiten. Sogar ein paar
getrocknete Gräser.*

Sehr trockene Blätter mit kräftigem Nervensystem aussuchen und
auf das Papier legen. Mit einer harten Bürste klopfen, damit das
Blattfleisch herausfällt, und
schließlich das feine Netzwerk der
Nerven freilegen.

Eine Variante.
Man zeichnet eine einfache Form
– einen Gegenstand, eine große
Ziffer, Initialen – auf kräftiges Papier, schneidet sie aus und klebt
sie leicht auf einen Teil des Blattes.
Das Fleisch des Blattes, an dieser
Stelle von dem Papier geschützt,
bleibt stehen und bildet die ausgeschnittene Form ab, wenn man das
Blatt mit der Bürste klopft. Man
löst das Papier vom Blatt, indem
man es befeuchtet.

Solche zerbrechlichen
Schmuckstücke kann man auf ein
Holzkästchen kleben und dieses
lackieren und einer Freundin
schenken. Oder man kann einen
Lampenschirm mit solchem
Schmuck basteln. Das sind Arbei-
ten für die vorweihnachtliche Zeit.

In der Natur findet man im Spät-
herbst Blätterskelette, wie unten-
stehend, vor allem von Pappeln
oder Eichen, in dem welken Laub,
das der Wind in einer feuchten
Ecke zusammengetrieben hat: das
Fleisch ist verwest und ver-
schwunden. Es bleibt nur die feine
Spitze der holzigen Nerven.

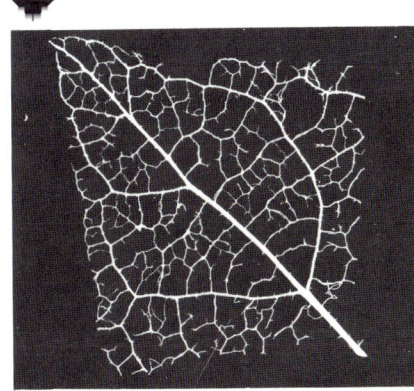

Zum Sammeln
Man legt das ausgewählte Blatt
flach auf einen Tisch, bedeckt es
mit einem Blatt Papier und reibt
mit einem Stift über das Papier: die
Blattform erscheint. Man schneidet sie aus, indem man sauber den
Umrissen folgt.

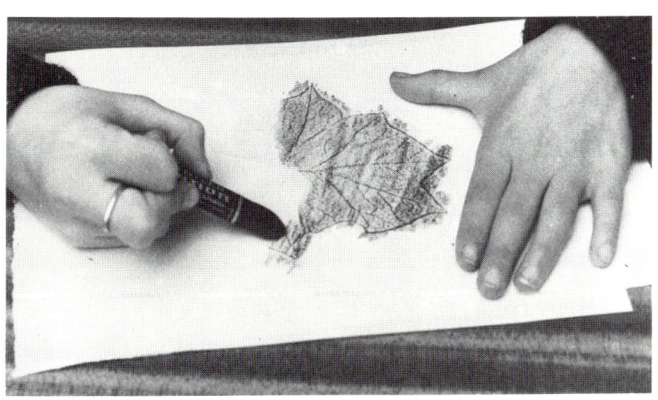

In der Hecke am Waldrand fesseln rote Früchte unsern Blick – kann man sie essen?

Die Früchte auf dieser Seite sind genießbar, aber man sollte sie lieber den Vögeln überlassen, die sie im Winter unbedingt brauchen.

Es sind die Früchte des *Weißdorns,* die Mehlbeeren (Foto S. 65), die man nach dem ersten Frost roh oder als Marmelade essen kann. Diese ei- oder kugelförmigen Früchte enthalten einen einzigen Kern in Form einer Zitrone. Ein kleines Sternenhütchen: das sind die getrockneten und verhärteten Kelchblätter.

Ferner sind da die Früchte der *Eberesche,* die man richtig als Vogelbeeren bezeichnet und aus denen man – wie aus den *Holunderbeeren* – ausgezeichnete Konfitüre macht. Die korallenroten Dolden hängen von Ende Juli bis tief in den Winter.

Man macht in manchen Gegenden auch Essig oder Branntwein aus ihnen. Aber wir raten, sie zu ernten und aufzubewahren, um damit die Vogelfutterstellen im Winter zu versorgen. Manche Vögel schützt das vor dem Hungertod, vor allem die Drosseln.

Auf der nächsten Seite steht ein Rezept für Hagebuttenkonfitüre. Hagebutten, die Früchte der Rose, sind ebenfalls eßbar. ▼

Die winzige Schermaus mit ihrem langen Schwanz macht Seiltänzerkunststücke, um sich an Brombeeren zu laben.

Der September ist auch der Monat, in dem sich die Hecke mit leuchtenden Früchten schmückt: Hagebutten der Rosen, schmackhafte Beeren des Brombeerstrauches. Aber wie die Pest muß man andere Beeren meiden, die gefährlich sind. So kann man in den Hecken der Wiesen ein ausdauerndes* Schlinggewächs mit herzförmigen Blättern entdecken, das keine Wickelranken besitzt und sich stets im Uhrzeigersinn dreht: die Schmeerwurz; ihre Früchte in lockeren achselständigen Trauben (girlandenartig), die im November reifen, sind sehr gefährlich. Ebenso ist es mit den hängenden Trauben des Bittersüß, das vielleicht in einem sumpfigeren Winkel der Wiese, mehr zum Bach hin, zu finden ist.

Schwarze Beeren sind zwar weniger verlockend, doch sollte man wissen, daß die des Holunders, der häufig in Hecken wächst, ungefährlich und sogar eßbar sind: getrocknet sind sie für die Futterstellen zu verwenden, die im Winter den hungernden Vögeln helfen sollen.

---

* Ausdauernd nennt man Pflanzen mit einer Lebensdauer von mehr als 2 Jahren.

Wildfrüchte

Dagegen sind die Beeren auf dieser Seite gefährlich: 15 von diesen Beeren der *Zweihäusigen Zaunrübe* können ein Kind töten. Zum Glück schmecken sie unangenehm. Die erbsengroßen Früchte sind zuerst grün und nehmen im September ihre endgültige mattrote Färbung an. Die Zaunrübe oder „Hundsbeere" oder „Teufelskirsche" ist leicht zu erkennen. Es ist eine behaarte Kletterpflanze. Ihre Zweige sind – den Blattstielen gegenüber – mit Wikkelranken ausgestattet. Sie zieht sich schlängelnd durch die Hekken. Ihre matt hellgrünen Blätter sind ausgezackt wie die der Weinrebe.

Tiefer als die Zaunrübe, am Fuß der Hecke wie auch an Gräben sind die reifen Früchte von „Zehrwurz", „Eselsohr" oder „Aasblume" – mit dem richtigen Namen *Gefleckter Aronstab* – im September um so sichtbarer, als es nicht mehr die Spur von Blättern gibt. Die scharlachroten Früchte von unangenehmem Geruch, etwa so groß wie ganz kleine Kirschen, stehen in einer dichtgedrängten Ähre auf einem senkrechten Stiel. Alle Teile der Pflanze sind giftig. Es sind Todesfälle durch Vergiftung mit den Früchten gemeldet worden.

Die lebhaft rosa gefärbten Kapseln des Pfaffenhütchens lassen in der Reife ihre orangen Samenkörner erscheinen. Sie gelten als tödlich.

Das *Bittersüß* – oben rechts – zeigt seine runden oder länglichen Früchte in der Nähe der Hecke am Ufer des Grabens oder Baches. Diese Art ist giftig: die Früchte rufen Brechreiz hervor. Allen Beeren von Schlingpflanzen und krautigen Pflanzen sollte man ganz allgemein mißtrauen.

Die schönen, roten Früchte der *Schmerwurz*, kirschgroß, sind sehr giftig. Man meidet sie also! Früher machte man Umschläge damit – damals hieß die Pflanze „Kraut der verprügelten Frauen"!

Ein gutes Rezept

Es handelt sich hier um ein Rezept für Hagebuttenkonfitüre, die man erst herstellt, wenn die Hagebutten die ersten Fröste abbekommen haben. Man füllt die Marmelade in entsprechende Gläser oder in besondere kleine Tontöpfe.

Wir geben die Früchte ins Wasser und lassen sie etwa zwei Stunden langsam kochen. Dann passieren wir alles durch ein Haarsieb. Der Fruchtbrei ist dick wie Tomatenpüree und von rotbrauner Farbe. Wir fügen etwa zwei Drittel des Gewichts an Zucker hinzu, vermischen alles gut und lassen es

eine halbe Stunde kochen. Die Marmelade kann nun abgefüllt werden. Beschriftung und Jahr nicht vergessen!

Das Passieren durch das Sieb kann Mühe machen: das liegt an den Scheinfrüchten. Die orange bis purpurschwarzen Hagebutten sind nämlich fleischige ,,Scheinfrüchte''. Die richtigen Früchte (ungefähr 20–30) befinden sich im Innern der Scheinfrucht. Sie sind von feinen Haaren eingehüllt; die Bauernjungen wissen genau, was für ein furchtbares ,,Juckpulver'' diese Haare ergeben.

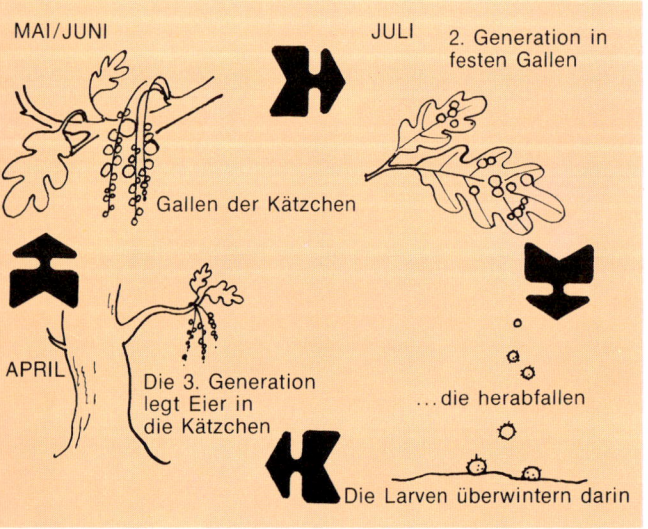

MAI/JUNI

Gallen der Kätzchen

JULI 2. Generation in festen Gallen

Die 3. Generation legt Eier in die Kätzchen

...die herabfallen

APRIL

Die Larven überwintern darin

Auf diesem Eichenblatt findet sich eine große Zahl von Gallen. Eine davon ist S. 76 rechts vergrößert dargestellt. Im September fallen sie zu Boden, und die Larven entwickeln sich während des Winters in der Galle. Sie kommen als vollkommene Insekten heraus, und die flügellosen Weibchen erklettern im April die Eiche, um ihre Eier in die Kätzchen des Baums abzulegen. Die Eier lösen die Bildung neuer Gallen aus, aus denen die Gallwespen herauskommen ... und der Kreislauf beginnt von neuem.

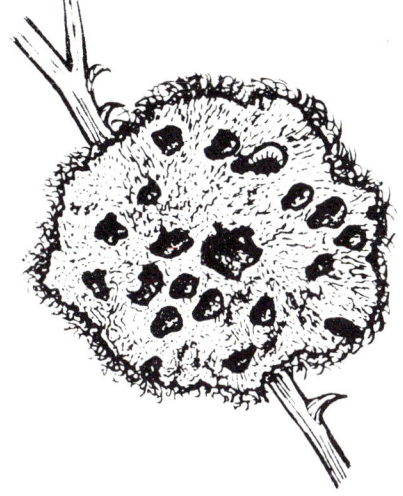

Oben rechts ein Rosenapfel (Bedegar), daneben durchgeschnitten. Die Larven der Gallwespe sind im Innern gruppiert. Andere Insekten können in solche Gallen Eier legen, und ihre Larven parasitieren manchmal auf den ursprünglichen Bewohnern. Es geschieht sogar, daß diese zweiten Parasiten ihrerseits von anderen Arten parasitiert werden! Das ist eine bemerkenswerte Nahrungskette!

Kehren wir zu den Heckenrosen zurück. In dem einen oder andern Jahr können wir in den Hecken einen „Bedegar", einen Rosenapfel, an einem Rosenstrauch entdecken. Das ist ein langzottiger Klumpen, rötlich gelb, von 2 bis 5 cm Durchmesser. Ein winziges Insekt, die Rosengallwespe, hat in die jungen Gewebe der Pflanze ihre Eier gelegt. Die ausschlüpfenden Larven und die von ihnen ausgeschiedenen chemischen Substanzen lösen die Reaktion der Pflanze aus, die schon beim Stich der Gallwespe begannen. Der sich bildende Auswuchs ist im Grunde ein Nest aus lebendigem Gewebe, von dem sich die Larven ernähren. Es ist eine „Galle".

Die Gallen sind in der Natur so weit verbreitet, daß es einfach unmöglich ist, ihnen nicht zu begegnen. Vielleicht erkennen wir auf einer Ulme einen dicken Beutel von 6 bis 8 cm Durchmesser, samtig, grün, dann braun, der sich an einem Blattstiel bildet, aber nach dem Fall des Laubes hängenbleibt. Diese Galle ist das Werk einer Blattlaus, der Ulmengallaus.

Im Juli waren Gallen an der Unterseite von Blättern einer Eiche zu bemerken, und im September sehen wir sie von den Blättern abfallen. Ihre Bewohner haben eine komplizierte Lebensgeschichte (vgl. S. 74 und 76).

Die Insekten, die diese Gallen hervorrufen, haben ihre Larven in diesen winzigen Biotopen nicht immer vor Räubern in Schutz bringen können. Als Beweis die Eichengallen (Foto nächste Seite), die Meisen geöffnet haben, um darin ihre Beute zu finden, so gut sie auch versteckt sein mochte.

Die runden Gallen der Eiche

Während des Sommers und des Winters können wir an Eichenzweigen, dicht bei einer Knospe, die ihre Form behalten hat, „die runde Galle" finden, eine kleine Kugel von 1 bis 2 cm Durchmesser, grün bis bräunlich gelb.

Wenn man die Galle vorsichtig durchschneidet, sieht man, daß es darin nur eine einzige Wohnung in der Mitte gibt, in der die winzige Larve einer Gallmücke lebt (unten). Diese Larve verwandelt sich in ein erwachsenes Tier, das die Wandung der Galle durchbohrt und auf eine andere Eiche fliegt, um dort ihre Eier abzulegen.

Wir pflücken nun im August ein paar Zweige ab, an denen Gallen wachsen, und stellen sie in ein Glas, das wir mit einem Stück von einem Perlonstrumpf zubinden. Gallwespen und -mücken kommen im allgemeinen im September, Oktober heraus.

Bei Spaziergängen kann man Gallen von verschiedenen Bäumen und anderen Pflanzen sammeln. Zu Haus versucht man sie mit Hilfe von Botanik- und Insektenbüchern zu bestimmen, die in der Bibliothek auszuleihen sind. Wir notieren bei jeder Galle die Pflanze, auf der sie sich befindet. Es gibt beispielsweise Gallen auf der Oberseite von Buchenblättern, an Blattstielen der Schwarzpappel, am Hauptnerv der Weidenblätter, an den Stengeln der Heckenrose und sogar unten am Stiel des Kohlkopfes. Die Gallen des Kohls sind das Werk einer Kornkäferlarve. Jeder sucht für seine Larve den Lebensraum und den Schutz, die ihr nützlich sind.

Meisen haben diese Eichengallen geöffnet, um die Gallwespen zu erreichen, auf die sie begierig sind.

Schnitt durch eine stark vergrößerte Eichengalle, in deren Mitte die Gallwespenlarve zu erkennen ist. ▶

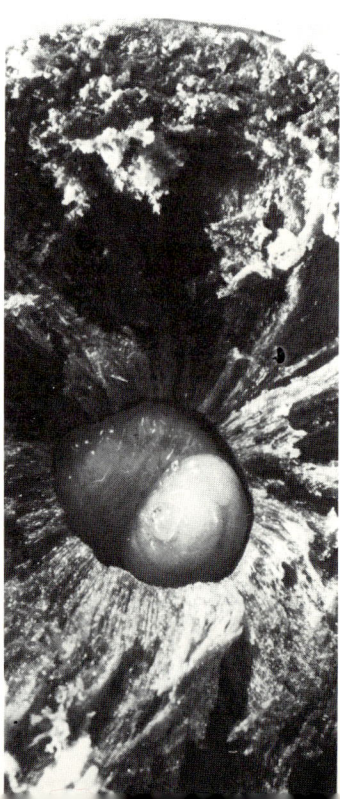

Der Eichelhäher gehört zur Familie der Rabenvögel. Rötlichbraun, Scheitel schwarz-weiß gestreift, Kehle weiß, Flügel schwarz, kastanienbraun und weiß mit hellblauen, schwarz gebänderten Deckfedern. Das Paar brütet von Ende April, Anfang Mai an 4–7 grünliche Eier, die braun gezeichnet sind.

Gartengrasmücke

Zu Anfang des Herbstes erregen die durchdringenden Schreie des Eichelhähers die Aufmerksamkeit. Er ist gierig nach Eicheln, und wenn sie sehr zahlreich sind, verschleppt er große Mengen in den Wald und vergräbt sie hier und da unter dem Moos, und meist vergißt er seine Vorräte dann.

Der Häher ist ein Standvogel. Bisweilen erscheinen für den Winter in seinem Wohngebiet seine Brüder aus Nordeuropa, die Teilzieher sind und Mittel- und Westeuropa aufsuchen.

Doch wie viele Vogelarten gibt es, die den Winter nicht hier verbringen, sondern uns verlassen! Der Herbst ist die Jahreszeit der großen Vogelzüge nach Süden: zur Sonne, zu den Insekten und den Früchten. Die meisten Erdbrüter, während der Brutzeit scheue Einzelgänger, bilden gern Gruppen, wenn sie nach Süden fliegen. Die Schwalben sammeln sich in großen Scharen auf Telegrafendrähten.

Es gibt allerdings Ausnahmen von der Regel: das Rotkehlchen etwa, denn es bleibt nicht dort, wo es genistet hat; es reist zwar nicht allein, aber doch in einiger Entfernung von den nächsten Artverwandten und schafft sich, sobald es am Boden ist, im fremden Land ein Gebiet, das es gegen jedes andere Rotkehlchen verteidigt.

Die Klappergrasmücke überwintert vor allem in Ostafrika, wo sie sich von September bis April-Mai aufhält, und zur gleichen Zeit fliegt die Gartengrasmücke ins tropische Afrika, von wo sie im Mai zu uns zurückkehrt. Die Mönchsgrasmücke bleibt dagegen vielleicht in den buschigen Hecken unserer Wiese, wo sie sich von Spinnen, den Efeu- und Holunderbeeren ernährt, denn ihre Art gehört zu den Teilziehern. Die Wegziehenden überwintern im Mittelmeergebiet (Europa und Nordafrika). In dieser Zeit können wir ihre Nester untersuchen (vgl. S. 24).

77

Auf Wiedersehen, Schwalben!

Die Rauchschwalben, die in der alten Feldscheune auf der Wiese nisten und auch die aus den dörflichen Ställen, sind allesamt fortgezogen, jetzt, wo sich die letzten Septembertage nähern ...

Anfang August ging es schon los. Da sahen wir sie jeden Abend zum Schilf des Teiches hinüberfliegen. Doch sie verbrachten nur die Nacht dort. Am nächsten Morgen flogen unsere nützlichen Jägerinnen wieder ihre Zickzackli-

Karte der Schwalbenzüge

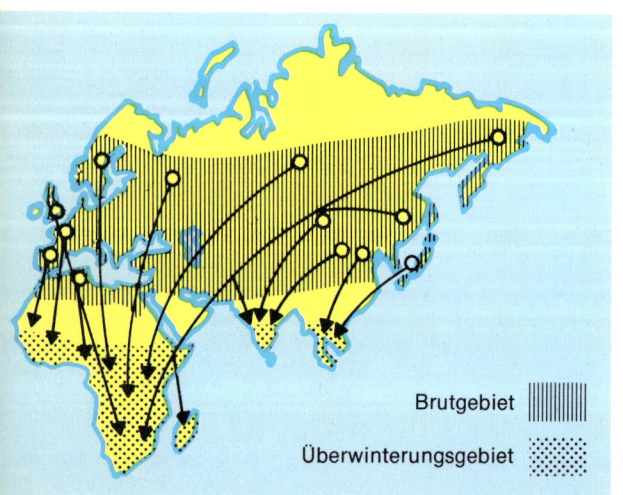

Brutgebiet

Überwinterungsgebiet

nien über den weiten Himmel. Jetzt wissen wir: all diese Versammlungen der im Umkreis von 15 km lebenden Schwalben waren nur Vorbereitung für die Abflüge. Ja, es gibt mehrere. Die ersten beginnen etwa Ende August, im Lauf des Septembers werden sie häufiger.

Abflug nach Afrika von allen elektrischen Leitungen und Telefondrähten des Dorfes und der ganzen Landschaft.

Durch ein französisches Forschungsinstitut wurden die Schwalbenzüge aufgezeichnet. Über Jahre hinweg wurden Vögel mit Ringen als Erkennungszeichen versehen. So gelang es, diese Karte zu zeichnen. Welch riesige Entfernung, die manche Schwalben zweimal im Jahr zurücklegen! Die skandinavischen Schwalben suchen ein völlig anderes Überwinterungsgebiet auf als die französischen oder spanischen.

Werden unsere Schwalben im März, April in die Scheune zurückkehren? Nein, nur 15–20% der Rauchschwalben, die im Herbst weggezogen sind, kommen im folgenden Frühjahr zurück. Doch manche Schwalben (das haben die Ringe gezeigt) können acht Jahre alt werden. Diese Langläufer der Lüfte haben also gute Chancen.

Man findet nicht viele von den Ringen wieder, die die internationalen Personalausweise der Zugvögel darstellen. Man kann den

Vogelschutzwarten zu weiteren Informationen verhelfen, wenn man ihnen alle Hinweise gibt, sobald man einen beringten toten Vogel gefunden hat – oder einen verletzten Vogel, den man nach seiner Genesung wieder freiläßt. Vielleicht gelingt es sogar im Winter an einer Futterstelle, einen Vogel für einen Augenblick in der Hand zu halten und seinen Ring abzulesen.

Nach einem einfachen Schlüssel auf dem Ring eingraviert findet man Land und Station, die den Ring geliefert haben, dann eine Folge von Buchstaben und Zahlen oder einfach eine Reihe von Zahlen. Man schreibt sie sorgfältig ab und schickt sie an die nächste Vogelschutzwarte (in der Bundesrepublik: Ludwigsburg, Garmisch-Partenkirchen, Hamburg, Frankfurt a.M., Steinkrug/Deister, Essen-Bredeney, Kiel, Seebach). Dabei gibt man an, wo der Vogel gefunden wurde, die Umstände und den Ort, wo man ihm die Freiheit wiedergegeben hat. Wenn der Vogel tot ist, schickt man den Ring zurück. Wenn es ein ausländischer Vogel ist, leitet die Vogelschutzwarte die Angaben weiter.

Alle Hinweise werden ausgewertet, um die Wanderungen, die natürliche Lebensdauer der Tiere einer Art und vieles andere zu studieren. Daher ist es wichtig, diese Bemühungen zu unterstützen.

Wird er wegziehen, wird er nicht wegziehen?

Von Oktober an gesellen sich kleine Gruppen von Buchfinken, die aus Nordeuropa kommen, zu unseren ständigen Gästen. Im Winter werden alle an den Futterstellen erscheinen. Südlich der Loire in Frankreich, wo die Population geringer ist als nördlich des Flusses, erscheinen im Oktober plötzlich erhebliche Verstärkungen. Das sind jene Teilzieher, die dort bleiben wollen, während andere Reisetrupps nach Spanien weiterziehen ...

Was geschieht da? Was bringt einen Vogel dazu, sein Fortpflanzungsgebiet – das vom Frühling und Sommer – zu verlassen und später seinen Winterwohnsitz ebenso zu verlassen und an seine Brutplätze zurückzukehren?

Mit Hilfe zahlreicher Experimente wurde die Wirkung der Temperatur, der Dauer der täglichen Sonneneinstrahlung, der Nahrung und anderes auf das Verhalten der Tiere studiert.

Der künftige Wandervogel sammelt in seinem Körper Fettreserven, was der Nichtwanderer nicht tut. Gleichzeitig werden in unseren europäischen Ländern die Tage kürzer, und diese Veränderung in der täglichen Beleuchtungsdauer wirkt auf das Nerven- und Drüsensystem des Vogels ein, dessen Stimmung sich ändert.

Wird er wegziehen? Er wird ziehen, wenn sich die sekundären Ereignisse, etwa meteorologische Veränderungen oder Verminderung der Nahrung, einstellen und er sie als Signal auffaßt, weil er zur Wanderung bereit ist. Aus Skandinavien, Deutschland, Rußland, Mitteleuropa erscheinen die Buchfinken in Frankreich, um dort den Winter zu verbringen, und vom Norden bis nach Frankreich machen sich manche Buchfinken „auf die Flügel", wenn man so sagen darf, um ein bißchen mehr Sonne zu erwischen. Diese letzteren kehren im März zu ihren Nistgebieten zurück, zu der Zeit, wenn die eigentlichen Zugvögel in ihren Wintergebieten abfliegen.

Bei den Jahresvögeln ändert sich der Aufenthaltsort überhaupt nicht.

Man sagt deshalb, der Buchfink ist ein *Teilzieher*. Das soll nicht heißen, daß die unternommenen Wanderungen nicht über weite Entfernungen und längere Zeiträume gehen oder daß nicht viele Tiere daran teilnehmen könnten. Es bedeutet lediglich, daß von dieser Vogelart nur ein Teil der Individuen die Wanderung mitmacht.

Die Schafstelze überwintert in Afrika und im tropischen Asien, während unsere Bachstelzen (s. S. 25) schon in Frankreich ihr Winterquartier beziehen.

Wird er wegziehen? Wird er nicht wegziehen? Jeder einzelne Vogel gibt darauf die Antwort, die seinem eigenen Organismus entspricht. Aber diese Antwort lautet ja für alle in den nordischen Ländern. Die Bücher über die Vögel Europas unterrichten über das Verhalten anderer Vogelarten im Hinblick darauf, ob sie Zugvögel oder Jahresvögel (Standvögel) sind.

Was weiß man von all den fortgezogenen Sperlingsvögeln, zu denen auch die Finken gehören?

Aus der Kontrolle beringter Zugvögel hat man erfahren, daß einigen Tieren die Energie, die ihre Fettreserven darstellen, einen Flug von 2000 km erlaubt, ohne daß sie unterwegs Futter brauchen.

Man hat sich auch gefragt, welchen geheimnisvollen Orientierungssinn sie besitzen, um einerseits ihr Überwinterungsgebiet und anderseits bei der Rückkehr ihr Nest vom Vorjahr genau zu finden. Man weiß jetzt, daß sich die Vögel astronomischer Anhaltspunkte bedienen, vor allem der Sonne, um ihre Position und die

einzuschlagende Richtung zu bestimmen. Bei Nacht bedienen sie sich der Sterne. Versuche, die unter künstlichen Bedingungen im Gewölbe eines Planetariums angestellt worden sind, haben gezeigt, daß die kleinen Sperlingsvögel die Himmelskarte besser zu lesen verstehen als viele Menschen. Wie nehmen sie diese Hinweise auf, und wie verwandeln sie sie in praktisch brauchbare Daten? Das ist für uns noch ein Geheimnis, aber die Tatsache bleibt bestehen.

Die Karte der Wanderungsbewegungen der Buchfinken gibt die kürzeste allgemeine Linie an. Die Vögel nehmen nicht diesen direkten Weg, denn sie berücksichtigen die jeweiligen meteorologischen Verhältnisse, die Nahrung, die sie finden können, die Veränderungen, die der Mensch in Gegenden vorgenommen hat, die sie zu überfliegen gewohnt waren (Urbarmachung, Trockenlegung bisher feuchter Zonen, Bau von Talsperren usw.). Ein kleiner Umweg macht ihnen nichts aus, wenn der Kurs nur der richtige bleibt!

Karte der Buchfinkenzüge

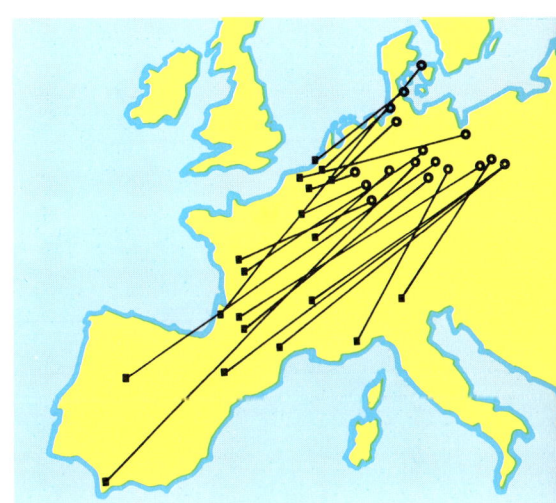

Daß Vögel im Winter wegziehen, wissen wir also. Aber wie steht es mit den Insekten? In Afrika gibt es Wanderheuschrecken, aber sie kommen nicht auf unsere Wiese. Dagegen gibt es dort den Distelfalter, den Vetter des Admirals, von dem wir bei uns Raupen aufziehen können und der einer der größten Wanderer unter den europäischen Schmetterlingen ist. Auf Kletten, Disteln und Margeriten sehen wir Distelfalter, die bei uns nach Rückkehr ihrer wandernden Mütter Ende des Sommers geboren wurden.

Von den trockenen Ländern Nordafrikas und des Nahen Ostens aus beginnen die Flüge von Insekten nach Europa in warmen Jahren schon früh. In Südeuropa schlüpfen die Raupen schon von April an, doch in Mittel- und Westeuropa treffen die Wanderer erst im Juni-Juli ein. Manchmal ist das eine ganze Invasion, und da sich die Distelfalter im Lauf ihrer Reise vermehren, ist die Generation von August-September häufig recht zahlreich. Wir können diese Schmetterlinge gelegentlich noch im Herbst beobachten.

Doch diese Generation vermehrt sich im Norden unseres Landes nicht, weder in England noch in ganz Nordeuropa: die Distelfalter scheinen vor dem ersten Frost nach Süden abzureisen.

Im Innern eines Wespennestes kriechen junge Arbeiterinnen aus ihren Zellen und machen sich sofort daran, das Nest weiterzubauen und instand zu halten. In die leeren Zellen legt die Königin Eier.

Stark vergrößert eine schlüpfende Wespe mit ihren langen geschmeidigen Fühlern in Form einer Fahrradlenkstange.

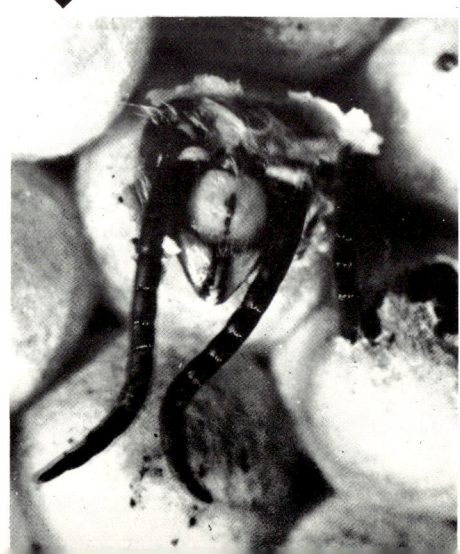

Nebeneinander die Gründerin der Kolonie und eine Arbeiterin. Diese hat die Zellen gebaut, in die die Königin ihre Eier legt.

Die Wespenbussarde jagen zwar gelegentlich auch Nager und Vögel, doch vor allem fressen sie Waben und Brut der Nester von Wespen und wilden Bienen.

Im Herbst sind die Insekten emsig. Ein Beispiel geben die Wespen. Sie stürzen sich auf alle erreichbaren Früchte, angebaute und wild wachsende, und wenn es Weinreben in der Gegend gibt, geschieht es wohl, daß manche Wespen, die sich an Traubensaft überfressen haben, nicht mehr die Kraft zu fliegen besitzen, zur Erde fallen und sterben.

Im September werden Männchen und Weibchen geboren. Diese Weibchen suchen sich nach der Begattung im Nest eine Unterkunft für den Winter unter Steinen, unter der Rinde von Bäumen, in einem alten Baumstumpf oder im Moos. Denn gegen Ende des Herbstes bedeuten die ersten Fröste das Ende für das Nest und die Kolonie der Wespen. Die letzten Larven werden von Arbeiterinnen und Männchen geopfert. Allmählich sterben die alte Königin, die Männchen, die Arbeiterinnen vor Hunger und Kälte. Das leere Nest löst sich in der Feuchtigkeit und Fäulnis des Bodens auf.

Die jungen ausgewanderten Königinnen aber, künftige Gebärerinnen neuer Kolonien, schlafen während dieser Zeit und erwarten den Frühling, die Fühler am Brustschild zurückgelegt, die Flügel zwischen Hinterleib und Brustschild gefaltet.

Wenn diese Herbstgeneration 500 Königinnen umfaßt, dann würden wir bei 500 neuen Nestern im folgenden Jahr von Wespen überschwemmt. Doch auch hier erhält die Natur das Gleichgewicht der Arten aufrecht. Es gibt im Winter starke Fröste, die die Königinnen töten, Krankheiten, Parasiten, die die Kolonien zerstören, und wenn die Gründerinnen im Frühjahr aufwachen, werden sie von den Vögeln angegriffen, die sie nicht schonen. Dort, wo der Mensch einen Greifvogel, den Wespenbussard, geschützt hat, wird es ihm vergolten; denn dieser Vogel richtet ein wahres Gemetzel unter den Wespen an, deren Nester er vernichtet.

Manche Eidechsen bringen le-bende Junge zur Welt, so etwa die Bergeidechsen. Im August gebiert das Weibchen 5–12 etwa 3 cm messende junge Eidechsen. Sie werden in einer Haut geboren, die fast sofort zerreißt. Dann machen sie sich sehr bald auf die Suche nach Insekten, die sie fressen. Wenn eine Eidechse am Schwanz gefaßt wird, kann sie diesen dem Angreifer überlassen. Der Schwanz wächst nach, gelegent-lich sogar zwei gleichzeitig.

An Fliegen mangelt es auf der Wiese nicht. Sie haben einen großen Feind, eine kleine Eidechse, die sich manchmal in der Sonne auf einem Stein oder auf dem Sandhaufen wärmt, der irgendwann einmal zur Aus-besserung der Scheune angefahren worden ist. Die Ei-dechse wartet, bis eine Fliege in Reichweite vorüber-fliegt, schnappt zu und verschluckt sie. Die Eidechse kann Frost ertragen und beginnt ihre Überwinterung niemals vor Allerheiligen, Anfang November. Dann schläft sie erstarrt bis zum März, in Bodenhöhlungen oder unter Baumstümpfen versteckt.

Auch die Nagetiere bereiten sich auf den Winter vor. Schermaus und kleine Waldwühlmaus werden lebhaf-ter.

Die Schermäuse begeben sich im Herbst in den Wald und richten dort Unheil an, weil sie die Rinde junger Bäume abnagen. Sie beschaffen sich ihre Vorräte wie ihre Vettern, die Feldwühlmäuse, die selten die tiefen Erdbauten im feuchten Teil der Wiese verlassen.

Eine Waldwühlmaus nimmt ihren Wintervorrat in Angriff.

Bei den einen wie den anderen können die Vorrats-
räume, die etwa zwanzig Zentimeter tief im Boden angelegt sind, mehr als ein Kilogramm verschiedener Le-
bensmittel enthalten: Wurzeln, Blätter, Getreide.

Die Waldwühlmaus, kenntlich an ihren großen
schwarzen Augen, den großen Ohren, dem langen
Schwanz, läuft mit gekrümmtem Rücken durch das
Gras, denn ihre Hinterbeine sind erheblich länger als
die Vorderbeine. Sie ist auf dem Weg zu einer Kiefer
am Waldrand, da sie sehr erpicht auf die Zapfen ist, von
denen sie die Schuppen nacheinander abnagt, statt sie
abzureißen, wie es das Eichhörnchen tut. Sie bringt ihre
Vorräte in verschiedene Verstecke. Dieses Nagetier,
das sich von Getreide und Früchten ernährt, sammelt
nun Nüsse und Getreide in seinem Bau, die es in der
Schnauze transportiert. Die Waldwühlmaus braucht
wohl zwanzig Minuten, um eine einzige Haselnuß zu
öffnen, denn sie muß sie benagen, bis ihre kleinen spitzen Zähne ein großes Loch gemacht haben. Gelegentlich findet man solche Haselnüsse, die eine Fein-
schmeckerin von Waldwühlmaus geöffnet hat. In ihrem
Bau wird sie auch Getreide haben, denn sie läßt sich
nicht von den Feldern vertreiben. Die Schleiereulen
erweisen ihnen, wie wir gesehen haben, nicht viel
Gnade. Das ist gut so, trotzdem dürfen wir nicht vergessen, daß auch die Waldwühlmaus schädliche Larven
und Insekten vernichtet.

Diese Nager lieben im Herbst bestimmte Pilze. Oben
auf der Seite sehen wir, wie unsere Waldwühlmaus an
einem Pilz frißt.

Die Schermäuse sind schädlich für die Landwirtschaft, doch zum Glück werden sie von Räubern, den Füchsen und Kreuzottern, in Schach gehalten.

So öffnet die Waldwühlmaus Samenkörner. Selbst bei Lindenfrüchten geht sie so vor.

Oh! Pilze...

FÜR PILZFREUNDE

Wer mit dem Sammeln von Pilzen beginnen will, sollte sich zunächst die Adresse der nächsten Pilzberatungsstelle besorgen. Diese Stellen organisieren im Lauf des Jahres Exkursionen, bei denen man die Anfangsgründe der Pilzkennerschaft erwerben kann. Pilze muß man unter Anleitung von Fachleuten kennen und unterscheiden lernen.

Meist findet man in den ersten Oktobertagen allgemein Pilze. Unsere Wiese bildet keine Ausnahme. Jetzt zeigt sich hier besonders zahlreich der berühmte *Wiesenchampignon,* der bereits vom Mai an erscheint. Oft steht er da in „Hexenringen", in denen das Gras besonders tiefgrün ist.

Die Hexenringe sind leicht zu erklären: die unterirdischen Teile der Pflanze – ihr *Myzel* – gehen von einem zentralen Punkt aus und verbreiten sich kreisförmig, Jahr für Jahr weiter. Die Pilze sind die Fruchtkörper der Pflanze und erscheinen an der Peripherie. Dabei entstehen diese berühmten Ringe, die man wegen ihres geheimnisvoll raschen und häufig nächtlichen Entstehens Hexen zuschreibt.

Dieser Wiesenchampignon oder Feldegerling, der gekocht, gebraten oder roh gleich wohlschmeckend ist, wird um so lieber gesucht, weil er leicht zu erkennen ist: weißlicher Hut, gelegentlich mit einigen bräunlichen Schuppen, rosigen Lamellen, die sich beim Älterwerden schwärzlich färben, oben am Stiel ein Ring. Das Fleisch wird ein wenig rötlich, wenn man es schabt oder schneidet.

Aber Vorsicht! Ein naher Verwandter kann sich auch auf der Wiese finden, der Weiße Giftchampignon oder Karbolegerling. Er ähnelt dem Wiesenchampignon sehr, ist jedoch etwas giftig und ruft sehr unangenehme Magen-Darm-Störungen hervor. Man erkennt ihn daran, daß die Lamellen des jungen Pilzes nicht rosig, sondern eher grau sind, und vor allem daran, daß Hut und Fuß des Stieles kräftig gelb werden, wenn man sie mit dem Fingernagel kratzt. Dieser Pilz gehört den Würmern und Schnecken...

Auch viele andere Pilze wachsen im Lauf einer Nacht aus dem Boden: der Nelkenschwindling, bisweilen auch Falscher Mousseron genannt, mit wissenschaftlichem Namen *Marasmius oreades,* ein kleiner blaßockergelber Pilz, der auch in Hexenringen wächst und bei dem nur der Hut eßbar ist (und gut schmeckt), während der dünne zähe Stiel ungenießbar ist. Dieser Pilz wird oft getrocknet und aufgefädelt, um die Omelettes im Winter zu würzen.

Man findet vielleicht auch den schönen Riesenschirmpilz oder Parasol mit seinem großen bräunlichen Hut, mit braunen Schuppen besetzt, mit einem brustwarzenähnlichen Auswuchs in der Mitte. Der graue Fuß ist mit einem verschiebbaren Ring versehen. Die Lamellen sind weiß, geschmeidig und stehen dicht. Den jungen Pilz, dessen Hut noch nicht ausgebreitet ist, nennt man gern „Trommelschlegel". Von diesem delikaten Pilz ißt man nur den Hut, aber gebraten oder gut gekocht, denn roh ist er giftig.

Auf einem alten Baumstumpf, an faulenden Zweigen in der Hecke findet man viele andere Pilzarten, meist kleinwüchsig, aber sehr zahlreich. Man sollte sich darauf beschränken, sie zu bewundern, auch mit der Lupe, sie zu zeichnen, im übrigen aber läßt man sie den kleinen Tieren, die sich davon ernähren und unempfindlich für die Gifte sind, die sie vielleicht enthalten. Der tote Baum, der vor langer Zeit einmal eine Ulme war, ernährt immer noch mit den letzten Resten seines Holzes Pilze und versorgt eine ganze Vegetation von Kletterpflanzen und Gräsern. Insekten, Würmer, Schnecken finden dort Kost und Unterkunft. Dieser faulende Baumstumpf bildet ein ganzes Biotop für sich!

Unten eine Gruppe von Mycena alcalina *auf moderndem Holz; das riecht stark nach Chlorwasser.*

Ganz allgemein darf man für den Verzehr nur Pilze sammeln, die man genau kennt, und wenn man die giftigen Pilze zu unterscheiden versteht, die ihnen ähnlich sehen. Außerdem ist es gut, die gesammelten Exemplare noch einmal einzeln zu untersuchen und auch bei dem leisesten Zweifel all die wegzuwerfen, deren man sich nicht ganz sicher ist: besser, man verzichtet auf einen Genuß, als daß man sich auf eine Gefahr einläßt, die tödlich ausgehen kann. Ein Stück, selbst ein kleines, von einem tödlichen Pilz in einer Schüssel eßbarer Pilze kann genügen, die ganze Schüssel zu vergiften. Bitte äußerste Vorsicht!

Die Gelehrten haben dem Eichhörnchen einen sehr hübschen lateinischen Gattungsnamen gegeben: Sciurus heißt etwa „im Schatten des Schwanzes". Wenn das Tier in Ruhe sitzt, hält es den buschigen Schwanz wie ein Fragezeichen auf dem Rücken. Er mißt 20 cm bei einem Körper von höchstens 25 cm. Der Sommerpelz von einem kecken leuchtenden Rot und einem reinen Weiß auf dem Bauch wird im Winter dunkler, und Flanken und Pfoten werden grau. Letztere sind mit gekrümmten Krallen bewaffnet, die es dem Tier erlauben zu klettern. Die Vorderpfoten haben einen kurzen Daumen. Das ist nützlich, um die Kiefernzapfen zu halten und die Samen herauszufressen (Fotos unten).

Welches Tier mag wohl die Rinde einer kleinen Esche benagt haben, die nicht mehr als 4 cm Durchmesser hat? Es ist ein Kaninchen, das schräge Nagespuren hinterläßt, die bis aufs Holz gehen. Die Spuren der Nagezähne sind deutlich. Vielleicht kommt von daher das Märchen von den Häslein, die nachts in den „Hexenringen" tanzen und die Maipilze verspeisen.

Ein anderer Kobold, der tatsächlich giftige Pilze frißt, ohne daß es ihm schadet, ist Sciurus, das Eichhörnchen. Es gibt nicht nur eine Kiefer am Waldrand. Auf der anderen Seite befindet sich eine ganze Gruppe von Nadelbäumen. Die Entfernung bis dahin ist weit, doch dem Eichhörnchen macht der Weg nichts aus, denn seine Hinterbeine sind kraftvoll, und ihr Abstoß erlaubt Sprünge von mehreren Metern Weite von einem Baum zum andern, wobei der lange Schwanz dem Tier als Steuer dient. Außerdem stehen Haselsträucher am Waldrand, und in den Monaten September und Oktober beginnt das Eichhörnchen mit der Ernte.

Was es nicht verzehrt, lagert es in hohlen Bäumen ein. Eicheln, Getreide, Pilze nehmen denselben Weg.

Was die Leute auch sagen mögen, das Eichhörnchen findet seine Vorräte im Winter meistens wieder, wenn es für kurze Zeit sein rundes Nest verläßt, das es aus ineinandergeflochtenen Zweigen in großen Bäumen baut und mit Moos auspolstert. Dort hält es Winterschlaf. Aber es hat schließlich viele Verstecke, und manche ... vergißt es eben doch. Wir finden bestimmt Haselnüsse, die von den unteren Schneidezähnen des kleinen Kobolds angenagt worden sind, dem es, wenn er eine tiefe Furche ausgemeißelt hat, gelingt, die Nüsse zu öffnen.

An dieser Art, die Schuppen vom Kiefernzapfen zu entfernen, erkennen wir die Arbeit des Eichhörnchens.

Ein grüner Garten im Herbst

Jetzt wird es Zeit, an Pflanzungen für die Zukunft zu denken. Dazu sammeln wir die von der alten Eiche gefallenen Eicheln oder die Fruchtstände der Ulme oder Esche, die der Wind uns aus dem nahen Wald heranträgt. Diese Pflanzungen im gewachsenen Boden kommen erst im Frühjahr zur Wirkung.

Damit wir das Keimen beobachten können, säen wir zu Hause Getreidekörner unter guten Feuchtigkeits-, Temperatur- und Beleuchtungsbedingungen. Es genügt, wenn man auf Teller oder Untertassen eine dünne Schicht Watte oder Papier legt, die Wasser aufnehmen und halten kann. Darauf verteilt man verschiedene Körner (Weizen, Hafer, Mais, Leinsamen, Hirse, Hanfsamen), die man am besten vorher einen Tag in Wasser geweicht hat. Die Körner legt man ziemlich nahe zusammen und hält die Feuchtigkeit dieses „Beetes" konstant, indem man es leicht gießt, ehe es trocken wird. Aber ertränken sollte man die Körner auch nicht!

Nun kann man Tag um Tag den Prozeß des Keimens anschauen und die unterschiedlichen Keimlinge beobachten. Das ist wie ein winziger grüner Garten, den wir immer wieder erneuern, bis unser Körnervorrat erschöpft ist.

grüne Triebe

Samenkörner

Watte, mit Wasser getränkt und von Wurzeln durchzogen

Fruchtstände der Esche (links) und die „Propeller" der Ahornfrüchte, die die Samen des Baumes bald in alle Winde treiben werden.

Im Winter

Der Frost ergreift alles. Die Kristalle des Rauhreifs verwandeln die vertrockneten Dolden zu wahren Traumblüten.

Nun sind auch die letzten Blätter gefallen. Man sieht weit durch die Zweige, und die Bäume verbergen keine Geheimnisse mehr – höchstens noch in den Löchern ihrer Stämme und unter der Rinde. Auf einer Eiche, die ein blasser Sonnenstrahl trifft, trotzt eine Drossel dem Winter. Es tröstet uns, daß es noch Vögel gibt. In der trüben Luft hallen die unangenehmen Schreie der Häher und Elstern aus dem Wald, obwohl kein Windhauch geht. Auf der Wiese und den benachbarten Feldern suchen sich Rotkehlchen und Grünlinge, Buchfinken und Meisen ihren Lebensunterhalt, bis sie der frühe Abend dazu bringt, dicht gedrängt in den unteren Zweigen einzuschlafen.

Die Tage laufen eintönig dahin, und der Frost läßt alles erstarren. Die Schlehen sind bald aufgefressen, und selbst die Rabenkrähen verschmähen die Beeren des Efeus nicht. Und dann kommt der Schnee, auf dem die Abdrücke jedes Lebewesen verraten, das darübergegangen ist, und der hier und da durch einen Maulwurfshaufen unterbrochen wird. Doch die Hochzeit des Waldkauzes findet trotz Schnee statt, während Igel, Eichhörnchen und Eidechse immer noch schlafen. Über dem weißen Teppich stehen die letzten Grashalme, die harten Dolden. Es ist still geworden. Vor ein, zwei Monaten hörten wir zuletzt die heiseren Rufe der großen Zugvögel, die bei Sonnenuntergang über uns am Himmel dahinzogen.

Ist jetzt also nichts mehr zu entdecken auf der Wiese? Aber natürlich, es ist immer etwas zu finden.

Der Wind reißt die letzten Blätter von den Buchen, und ganze Laubhaufen sammeln sich am Waldrand, am

Die Spitzmaus sucht unter dem Laub die Insekten, von denen sie sich ernährt. Sie zieht sich im Winter oft in die Bauernhöfe zurück und verschmäht auch Brot und Körner nicht, doch auch dort frißt sie kleine Nager.

Grashalme im Winterkleid

Fuß der alten Apfelbäume auf der Wiese, entlang der Hecken. Hin und wieder gibt es sonnige Tage, und dann schnuppert die Feldspitzmaus in dem welken Laub, das bald Humus sein wird, bis sie spürt, daß auch für sie die Stunde gekommen ist, ihr Winterquartier in der alten Scheune oder in den Ställen und Schuppen des Dorfes aufzusuchen.

Unter dem Schnee schlafen die Knospen, die schon morgen aufbrechen können. Der Frost tötet das Ungeziefer, das sich in den Boden verzogen hat. Die Natur ruht und reinigt sich, ehe sie sich den Freuden des Frühlings hingibt.

Bald fallen auf der getauten nassen Wiese kleine Gruppen von Kiebitzen ein, die auch die letzten Reste vom benachbarten Weizenfeld picken, das gerade bearbeitet wird: sie finden hier noch einen Wurm, dort ein Insekt ... Die Kiebitze sind Teilzieher, ein großer Teil der Vögel aus dem Norden und Osten überwintert in West- und Südeuropa sowie in Nordafrika.

Der Kiebitz hat einen grünen Rücken mit kupfernen Reflexen und schwarze Flügel mit weißer Spitze und weist grüne Federn mit purpurnen Reflexen auf. Oberseite des Kopfes, Stirn, Kehle, Brust sind schwarz, der Bauch weiß. Welch eleganter Schopf!

„Kie-witt!" Der Ruf des Kibitzes bringt ein Kaninchen dazu, sich in seinen Bau am Waldrand zu retten, und einen kleinen Nager, unbeweglich auf der Böschung sitzen zu bleiben. Was hat er dort gesucht? Ein Korn zwischen den harten Erdklumpen?

Wo sind die Gräser vom Sommer und vom Herbst, das Wohlriechende Ruchgras, das Wiesen-Lieschgras, das Rispengras, das Zittergras, das so hübsche Namen wie Amourettengras oder Frauenhaar trägt?

Nur braun gewordene Kräuter, trockene Stengel der Pferdemöhre und wilde Petersilie ragen aus dem Schnee hervor... Nicht einmal die leichte Ackertrespe oder auch nur den wilden Hafer würde man jetzt finden.

Ein seltsamer Wintergarten

Auf dem Boden eines großen Glases mit weiter Öffnung oder eines Goldfischglases verteilt man eine Schicht von feuchtem Sand oder Blumentopferde. Diese Schicht bedeckt man mit kleinen Stücken von verschiedenen Moosen, die man mit ihrer winzigen Erdschicht ausgehoben hat. Dazwischen setzen wir leichte gelbe, orange, graugrüne, silberne Flechten, wie man sie auf den Sträuchern der Hecke (besonders unten am Weißdorn) oder auf dem alten Apfelbaum findet. Das Ganze ist feucht zu halten, indem man es von Zeit zu Zeit gelegentlich gießt oder – noch besser – ein wenig Wasser auf die Moose stäubt. Man deckt den Behälter zu, damit die Feuchtigkeit erhalten bleibt. Dieser ungewöhnliche Wintergarten bleibt lange frisch.

Eine Variante.
Auf einem alten gesprungenen Teller verteilt man eine Schicht Sand. Darauf ordnet man verschiedene Moose als „Wäldchen" an und stellt hier und da Rindenstücke, flechtenbewachsene Steine oder schöne saubere Kieselsteine dazwischen. Das erinnert ein wenig an die japanischen Gärten und hält sich, wenn man's ein wenig gießt, ebenfalls lange Zeit.

Dieser Igel hat seinen Winterschlaf in der Hecke begonnen. Diese riesige „Kastanie" rollt sich von Zeit zu Zeit noch einmal auf, und der Igel macht einen Ausflug, um Nahrung zu beschaffen.

Noch auf dem Schnee heitert das Rotkehlchen den Winter mit seinem Lied auf. Wenig scheu kommt es bis an die Häuser. Dieses hier pickt Spargelbeeren auf.

In der Hecke oder am Fuß eines Dickichts, wo er welkes Laub zusammengeschoben hat, schläft der Igel. Der Winterschlaf ist eine bei den Säugetieren ziemlich weit verbreitete Erscheinung. Seit Herbstbeginn wurde der Igel recht fett. Wenn die strenge Kälte kommt, sinkt seine Körpertemperatur um mehrere Grad. Gut versteckt unter Zweigen und Blättern, die er schon bei seiner vorigen Rückkehr in seine Unterkunft zusammengescharrt hat, sinkt er in tiefen Schlaf und bleibt dank der Fettreserven am Leben.

Die winterliche Ruhe, die von vielen Tieren praktiziert wird, ist nicht dasselbe wie der Winterschlaf. Bei dieser Ruhe sinkt die Körpertemperatur niemals ab. Diese Tiere begnügen sich damit, lange Perioden im Nest oder im Bau zu verbringen, während die Lebensumstände draußen hart sind. So ist es beispielsweise bei der Schermaus, die die gesammelten Vorräte verspeist und ihre Kräfte schont. Doch immerhin legt sie sogar Gänge unter dem Schnee an.

Diese Waldwühlmäuse schlafen tief in ihrem Gang, wo sie Getreide, Eicheln, Bucheckern und

Knospen gespeichert haben. Sie halten jedoch keinen echten Winterschlaf.

So ruht auch der Dachs, doch er lebt von seinem Fett in dem heugepolsterten Bau am dickichtüberwucherten Hang eines nahen Hügels. Er hat im September und Oktober so viel gefressen, daß er den Winter überstehen kann, doch wenn er im Frühling wieder hervorkommt, ist er völlig abgemagert. Der Dachs ist im übrigen ja nur ein seltener Besucher der Wiese. Man hat kaum Gelegenheit, ihn auf der Wiese zu sehen, denn er ist ein Tier der Dämmerung und der Nacht. Doch wenn man an einem dornigen Strauch der Hecke etwas von seinem harten Haar entdeckt oder eines Tages seine Spur im feuchten Boden findet, dann beweist das, daß es in dieser Gegend einen „Grimbart" gibt. So nennen ihn die Bauern, die oft recht ärgerlich sind, wenn sie ihre Felder von seinen mächtigen Tatzen umgewühlt sehen. Er geht nicht nur auf die Suche nach Wurzeln, sondern beschädigt als großer Traubenliebhaber oft auch die Rebstöcke. Er hat einen tüchtigen Appetit und liebt Pilze, Obst, Honig, Schnecken und Frösche, auch kleine Nagetiere – übrigens nicht nur die kleinsten, denn er ist ein guter Kaninchenjäger. Man führt erbitterten Krieg gegen ihn, und vielleicht ist seine Art schon auf der Liste der aussterbenden Tiere.

Hier war ein Dachs. Einige ausgerissene Haare verraten es. Sein Bau hat eine charakteristische „Rutschbahn". Der Eingang geht nach Süden, und der Bau besitzt Notausgänge. In der sehr tiefen Kammer werden jedes Jahr 3–5 junge Dachse geboren. Die Eltern können 10–15 Jahre zusammen leben.

Den Frühling vorbereiten

Nistkästen machen Freude. Sie sollten vor dem 1. März an Ort und Stelle sein. Wenn sie einmal aufgehängt sind, darf man sie nicht mehr stören und vor allem nicht untersuchen, wenn sie bereits Bewohner haben.

Hier die Skizze für einen Nistkasten, der nicht schwer zu bauen ist. Im wesentlichen ist es ein rechteckiger Kasten, dessen kleine Seiten Boden und Dach bilden. Letzteres steht über und ist mit Zinkblech bedeckt. Eine große Seite läßt sich schieben und erlaubt, den Nistkasten zu öffnen und für die nächste Saison zu säubern. Dazu muß man den Ausflug der letzten Brut abwarten; das tut der rechts abgebildete Junge am Ende der Sommerferien.

Von den Nistkästen im Handel sind die mit einer Sitzstange vor dem Flugloch ungeeignet. Elstern und andere Räuber benützen sie, um die Jungen im Nest zu erreichen. Gut sind die mit Dachüberstand, der vor Regen schützt und mehr Sicherheit bietet.

Höhe: 30 cm
Breite: 12 cm
Kleines Loch:
3 cm Durchmesser

Wenn man ein Stück Baum mit faulendem Innern findet, kann man es einfach aushöhlen und nach oben zu ein rundes Flugloch von 32 mm Durchmesser bohren. Man nagelt ein Stück Holz oder Rinde auf, um den Zylinder unten abzuschließen, und ein größeres oben, damit es einen schützenden Dachüberstand gibt.

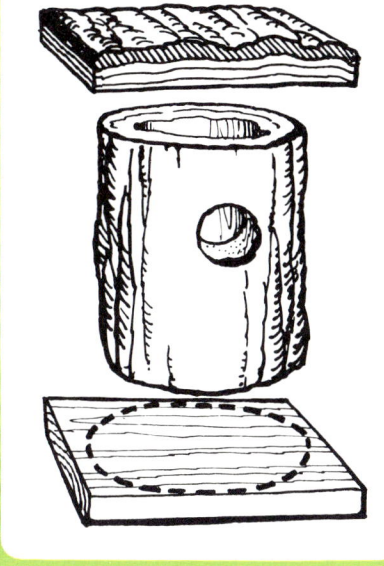

Es ist günstig, den Boden des Nistkastens mit einer dünnen Schicht Sägemehl auszustatten, das mit Sand und Sägespänen gemischt ist.

Man hängt die Kästen 2–7 m hoch in die Bäume. Man kann sie mit Lehm bestreichen oder mit Rinde bedecken. Dann passen sie sich den Bäumen besser an, und etwaige Risse werden geschlossen.

Ein Blumentopf, unten zu einem Flugloch durchbohrt, kann an einer Mauer hoch, Eingang nach Osten, so angebracht werden, daß die große Öffnung an der Mauer liegt. Ein Nistkasten, der gern von Meisen angenommen wird.

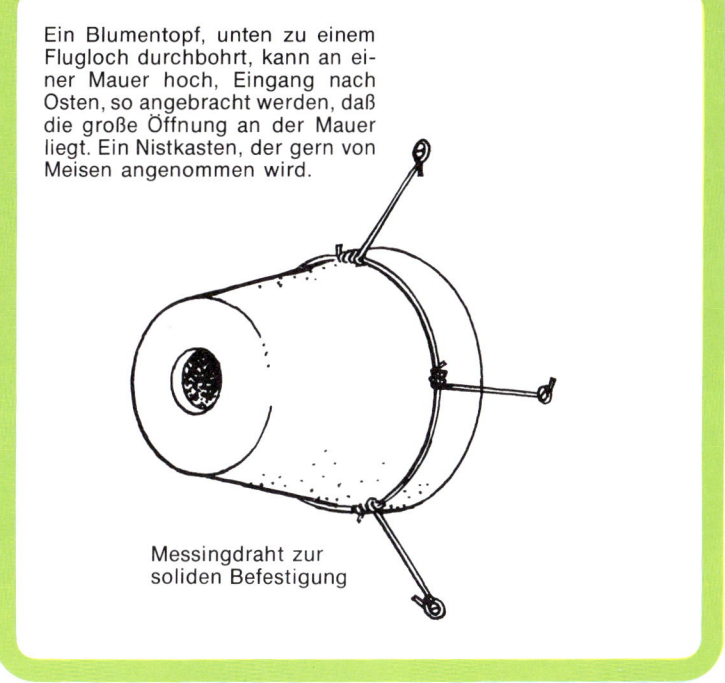

Messingdraht zur soliden Befestigung

Lassen wir unsere Winterschlaf haltenden Freunde in Ruhe und untersuchen wir, gut ausgerüstet, lieber die Wiese im Schnee. Schon aus der Entfernung bemerken wir auf dieser weißen Fläche kleine Flecken brauner Erde in fast regelmäßigen Abständen, die eine nahezu gerade dunkle Linie bilden, und rasch begreifen wir, daß es Maulwürfe sind, die da ständig arbeiten. Auch im Winter graben sie eine saubere Kammer aus, umgeben von zwei ringförmigen Gängen, von denen verzweigte Galerien abgehen. Und da diese Gänge jetzt wegen des Frostes noch ein wenig tiefer gelegt werden müssen – bis zu 60 cm –, haben die Maulwürfe viel Erde an die Oberfläche zu schaffen.

Bei gutem Wetter geschieht es, daß die Tiere im feuchtesten Teil der Wiese ihr Nest in einem großen Hügel einrichten, der über die Oberfläche ragt, doch im allgemeinen liegt ihre Wohnung unter der Erde. Das bedeutet natürlich nicht, daß sie nie ins Freie kämen; die Gewölle der Waldkäuze enthielten ja auch Reste dieser kleinen Insektenfresser.

Ein wahrer Palast, dieser Maulwurfsbau mit seinen zahlreichen Gängen und seiner weichen dunklen Kinderstube! Mit kräftigen Schaufelhänden (S. 97), macht der Maulwurf seine Erdarbeiten. Er findet sich gut zurecht unter der Erde. Er ist nicht völlig blind, seine Augen sind nur verkümmert. Doch seine Ohren sind ungewöhnlich scharf, und er spürt das leiseste Zittern des Bodens oder der Luft.

Saatkrähen sieht man seltener als Rabenkrähen. Man erkennt die Saatkrähen leicht an ihren struppigen „Hosen".

Zum Vergleich die Köpfe auf der rechten Seite: die Saatkrähe hat einen längeren und dünneren Schnabel als die Rabenkrähe.

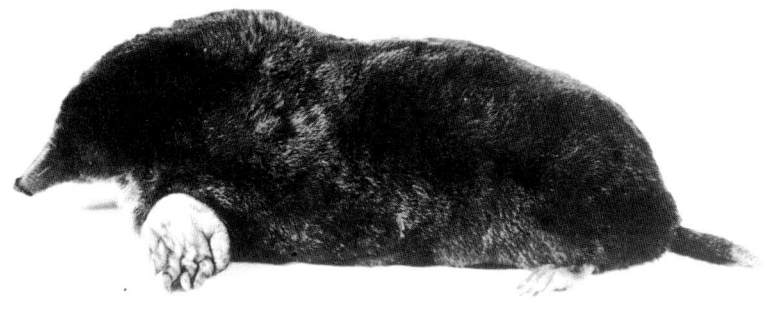

Die Maulwurfsgänge, die der Jagd dienen, sind sehr zahlreich und befinden sich dicht unter der Oberfläche. Diese Wühler sind mit spitzen Zähnen bewaffnet, mit denen sie die Chitinpanzer der Insekten knacken und auch die Haut von Säugern zerreißen können, denn neben Würmern, Insekten und Larven fressen sie gern Mäuse und Schermäuse, gelegentlich auch Frösche und Eidechsen und sogar andere Maulwürfe, die ihnen in ihrem dunklen Reich in die Quere kommen. Aber ein schädlicher Wurzelfresser ist der Maulwurf nicht!

In der Erde der Maulwurfshaufen stochern eine Raben- und eine Saatkrähe mit dem Schnabel. Enttäuscht richtet sich die Rabenkrähe auf, und im Strahl der blassen Januarsonne blitzen Reflexe auf dem schwarzen Gefieder auf. Der Schnabel der Krähe ist kräftig, das Schwanzende gerade. Man könnte sagen, ein Standbild, das zum gefrorenen Lande paßt ... Einige Dutzend Rabenkrähen verbringen die Nächte gemeinsam in einer Ecke des Waldes und nähren sich auch von Kuhfladen und Pferdemist, wenn sie die in der Nähe der Bauernhöfe finden. Diese Vögel gibt es überall links der Elbe in Mitteleuropa*. Sie sichern eine gewisse Hygiene der Teiche, da sie auch kranke oder tote Fische fressen, die an der Wasseroberfläche treiben. Aber sie richten auch Schaden an. Dadurch, daß der Mensch den Habicht und den Wanderfalken vernichtet, natürliche Feinde der Rabenkrähe, hat er der Krähe ermöglicht, sich stark zu vermehren, und nun wendet sich seine mangelnde Vorsicht gegen ihn.

Rabenkrähe

Saatkrähe

*Östlich der Elbe tritt die Nebelkrähe an die Stelle der Rabenkrähe. Beide Unterarten gemeinsam bilden die Art Aaskrähe.

Der Sperber fängt kleine Singvögel im Flug, aber er greift auch Nager und Insekten und ist keineswegs schädlich. Er darf nicht vernichtet werden. Er ist überall geschützt.

Zu manchen Zeiten sind die Stare eine Plage für die Obstgärten! Aber sie leisten doch einige Dienste, denn sie fressen auch die Raupen in den Bäumen, wenn diese Parasiten besonders zahlreich sind.

Die kleinen Sperlingsvögel sieht man kaum noch auf der Wiese. Doch manchmal suchen sie für einen Augenblick Zuflucht unter den Büschen und gleichzeitig Schutz vor dem Sperber über dem Wald. Bäume und Sträucher genügen ihm nicht mehr, und er dehnt sein Jagdgebiet bis an den Rand des Dorfes aus. In seinem heimlichen Flug streift er manchmal fast den Boden. Und das wird jedes Jahr im Winter schlimmer, weil die Teilzieher aus Nordeuropa bis in unsere Gegend kommen.

Den kleinen Vögeln sollten wir in diesen harten Zeiten helfen. Einer der dreistesten Besucher der Futterstellen ist der Star, der bei uns oft Jahresvogel ist. Seine Flugkunststücke an schönen Tagen sind recht lustig, bald am Himmel über der Wiese, bald rund um das Vieh und in den Bäumen. Man sieht ihn überall, denn er hält sich gern in offenem Gelände auf. Insekten, Würmer, Larven, Schnecken, Früchte, Körner … alles ist gut für diesen Vogel mit dem spitzen Schnabel, der pickend über die Wiese läuft und sich sogar zwischen die Klauen der Rinder wagt!

Gesellig bei der Nahrungssuche, nistet er doch lieber allein oder zur Not mindestens in einiger Entfernung von seinesgleichen. Aber außerhalb der Fortpflanzungsperiode schlafen die Stare zu Hunderten in dichtbelaubten Bäumen. Von Juli bis Oktober rufen sie sich das Rückzugssignal lange vor Tagesende zu und stellen ihre sehr raschen und geradlinigen Flüge ein, um sich auf einem Schlafbaum niederzulassen, wo sie noch eine Weile ihre lärmenden Gespräche fortsetzen. Im Winder pendeln Stare zwischen den entlaubten Bäumen und dem Dorf hin und her. Ihr Tscharr-tscharr tönt laut, daneben manchmal ein Alarmruf Rai oder Bettbett. Im Schnee können wir die Spuren der pickenden Vögel verfolgen, wenn wir sie nicht schon früher in feuchter Erde gesehen haben.

Die Stare pfeifen gern im Chor und imitieren ziemlich getreu den Gesang anderer Vögel. Sie pfeifen, sie plappern … und sie fürchten sich vor gar nichts. Sie haben sich über die ganze Welt verbreitet, und in manchen Ländern hat man sie eingeführt, damit sie die Kulturen schützen. In Südfrankreich und den Pyrenäen sind sie noch ziemlich selten. In Deutschland werden sie von den Obstbauern gefürchtet.

Diese dreisten Geschöpfe sind sehr schmutzig: überall lassen sie ihre Exkremente fallen, und ihr Nest in einer Höhle, einem Loch im Baum oder in der Mauer ist so verschmutzt, daß es am Ende der Nestzeit aufgegeben wird.

Da die Stare ihr Quartier am Waldrand haben, picken sie in der feuchten Erde am Bach, bohren jeden Augenblick den kräftigen langen Schnabel in die Erde, öffnen ihn rasch und lassen die Krumen nach allen Seiten fliegen. In einem gepflügten Acker holen sie die Larven des Maikäfers – die Engerlinge –, Würmer und Insekten aus der lockeren Erde. Sie untersuchen noch die kleinste Scholle, drehen jeden winzigen Stein mit dem Schnabel um und sehen nach, ob sich darunter nicht ein Wurm, ein Mistkäfer oder eine Kellerassel verborgen hält. Nach einer Nacht kräftigen Regens, wenn die Nacktschnecken aus dem Gras herausgekommen sind, leben die Stare im Überfluß.

Die Stare leben in Schwärmen, die sich aus zahlreichen Familien zusammensetzen. Hier sieht man einen riesigen Schwarm, der für die Nacht Unterkunft am Waldrand bezieht. Im Südosten Frankreichs, in der Gegend von Pau, sollen nach Angaben von Fachleuten solche winterlichen Schlafstätten mehr als 10 000 von diesen lärmenden Geschöpfen zählen.

Das Geheimnis der Rinde

Bäume haben sehr bezeichnende Umrisse. Die Pappeln wachsen senkrecht in die Höhe, um ein Beispiel zu nennen. Aber auch die Art der Rinde ist für jede Art kennzeichnend.

Mit einem Blatt Papier und einem Bleistift kann man einen Rindenabrieb machen. Man legt das Papier gut an den Baum und reibt fest. Zu Haus glättet man das Blatt Papier und zeichnet Einzelheiten genauer nach.

Die Rinde der Birke löst sich in Streifen ab.

Und hier ein Abrieb von Birkenrinde.

Hier ein Abrieb von Pappelrinde.

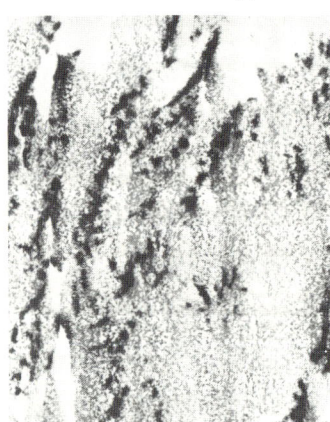

Die Rinde der Esche kennenzulernen ...

Wenn die Bäume reden

und die der Eberesche...

deren Abrieb hier zu sehen ist.

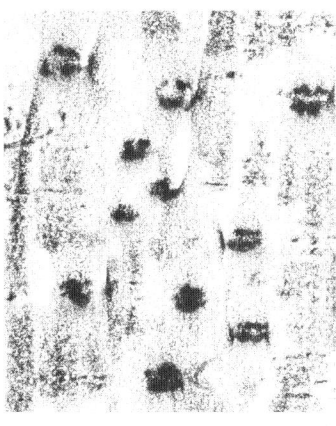

Die Eßkastanie, die gute Maronen gibt, hat eine spiralförmige Rinde – ebenso wie das Holz, das sich deshalb von Tischlern nicht verwenden läßt, im Gegensatz zur Roßkastanie mit geraden Fasern und gerader Rinde.

Die Rinde dieser abgestorbenen und gestürzten Esche zeigt Gänge, die von holzfressenden Insekten angelegt worden sind...

Hier noch Abriebe von Rinde der Esche,

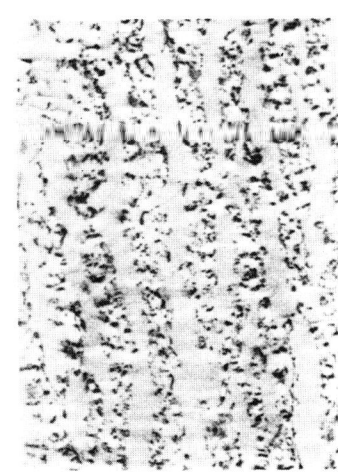

der Buche

und der Eiche.

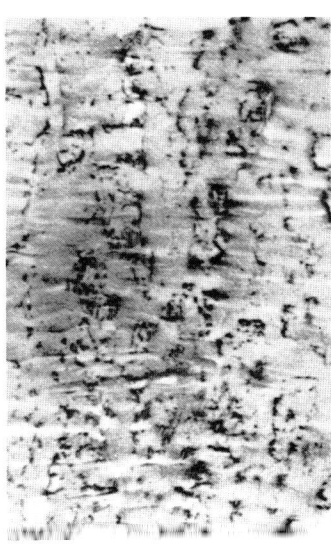

Solche Dokumente gehören ins Forschungsheft.

Rindenabgüsse

Man betupft ein kleines Stück der Rinde eines Baumes mit Talkumpuder, den man in einen alten Perlonstrumpf geschüttet hat. Aus Modelliermasse machen wir Würste, nicht zu hart und nicht zu weich. Eine davon pressen wir senkrecht auf die Rinde und drücken sie mit der Faust tüchtig breit, so daß sie überall gut eindringt. Das gleiche machen wir mit einer zweiten Wurst parallel neben der ersten und sorgen dafür, daß sich beide, wenn sie flach sind, gut miteinander verbinden. Und so fort, bis das ganze vorgesehene Rindenstück völlig mit dieser Masse bedeckt ist (2–3 cm dick).

Dann zieht man die Schicht der Modelliermasse ab, die sich, wenn alles gut gemacht worden ist, als ein einziges Stück ablösen muß. Zu Hause umrahmen wir es mit Kartonstreifen. Das Ganze wird mit Gipsbrei ausgegossen (s. S. 19).

Wenn der Gips abgebunden hat, hebt man ihn von der Modelliermasse ab. Das Gipsmuster gibt genau die Rinde des Baumes wieder. Wenn man will, streicht man den Abguß farbig an, nachdem er einen Tag Zeit hatte, gut zu trocknen.

Diese Jungen haben sich ein einfaches Gerät gebaut, mit dem sie die Höhe von Bäumen und anderen entfernten Objekten abschätzen können. Die Zeichnung unten zeigt, wie es vor sich geht.

Man schneidet ein rechtwinklig, gleichschenkliges Dreieck aus Karton oder Pappe aus, bringt auf der Längsseite ein Stück Kartonpapier an, das man zu einem Rohr zusammenbiegt und mit Klebeband festklebt. Dieses Rohr ist das Visier.

Ein Lot an dem oberen spitzen Winkel ermöglicht es, das Dreieck genau senkrecht und waagerecht zu halten. In dieser Stellung setzt man das Visierrohr ans Auge und entfernt sich so weit von dem Baum, bis man seinen Wipfel im Visier hat.

Dann ist die Höhe des Baumes gleich der Entfernung zwischen dem Standpunkt und dem Baum, zuzüglich der Größe des Betrachters bis zum Auge. Zum genauen Messen bedient man sich eines Zollstocks oder eines Meßbandes.

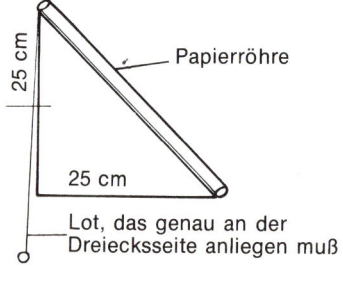

Papierröhre

25 cm

25 cm

Lot, das genau an der Dreiecksseite anliegen muß

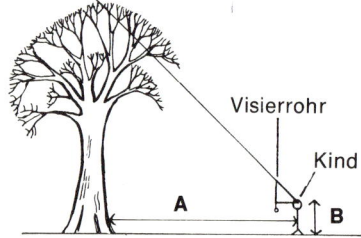

Visierrohr

Kind

A

B

Und wie alt mag er sein?

Die Förster kennen das Alter einiger bemerkenswerter Bäume in den Staatsforsten genau, weil sie das Datum ihrer Anpflanzung in alten Archiven festgestellt haben. Diese Archive werden in den Landwirtschaftsministerien aufbewahrt. Aber das Alter eines lebenden Baumes auf einen Blick zu schätzen erfordert lange Erfahrung.

Dagegen kann man bei einem geschlagenen Baum das Alter ablesen, indem man die konzentrischen Ringe an der Schnittstelle zählt. Der hier abgebildete Stamm ist etwa dreißig Jahre alt.

Etwa; denn um genau zu zählen, muß man eine starke Lupe benutzen: die Ringe werden um so enger, je näher man der Mitte kommt.

Mit der Lupe sieht man zwischen den Ringen eine Schicht von weniger dichtem Holz, das ist der im Frühjahr gewachsene Teil, und eine festere Schicht, der im Sommer erheblich langsamer gewachsene Teil. Und dieser Unterschied ist es, an dem man die aufeinanderfolgenden Schichten erkennen kann. Aufgrund eines festen Ringes pro Jahr kann man das Alter eines Baumes feststellen.

Wenn sich der Baum erinnern würde...

Wenn sich der Baum erinnern könnte, würde er uns von seinen Besuchern erzählen. Aber das kann er natürlich nicht.

Wir hingegen können vom Leben des Baumes quer durch das Jahr berichten. Vor allem können wir wie auf dem nebenstehenden Bild skizzieren, wie der Baum dieser Pflanze, jenem Tier als Schutz, Nahrung oder Unterschlupf diente. Ein solches Bild ist nicht nur informierend über verschiedene Habitate, sondern veranlaßt uns auch, unsere Beobachtungen zu wiederholen und dadurch lebendig zu halten.

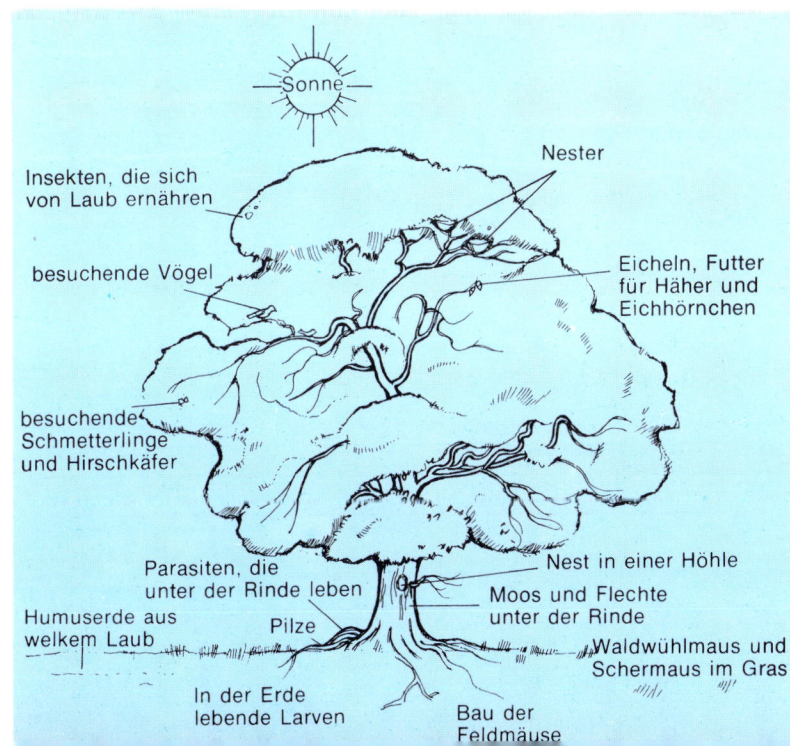

Sonne

Insekten, die sich von Laub ernähren

besuchende Vögel

besuchende Schmetterlinge und Hirschkäfer

Nester

Eicheln, Futter für Häher und Eichhörnchen

Parasiten, die unter der Rinde leben

Humuserde aus welkem Laub

Pilze

Nest in einer Höhle

Moos und Flechte unter der Rinde

Waldwühlmaus und Schermaus im Gras

In der Erde lebende Larven

Bau der Feldmäuse

Selbstbedienung für Singvögel

Die Kunden: Amseln, Drosseln, Stare, Sperlinge, Elstern, Grünlinge, Buchfinken, Goldammern, Kleiber, Rotkehlchen, Heckenbraunellen, Blaumeisen, Tannenmeisen, Kohlmeisen, Haubenmeisen, Sumpfmeisen ... Also Wiesen- und Waldvögel, die für eine Zeit zu Park-, Hof- und Gartenvögeln werden.

Der Selbstbedienungsladen
Eine Stange von 1,80 bis 2 m Höhe, die etwa 30 cm in den Boden gerammt und gut verkeilt wird, trägt die Futterstelle, die ein Schutzdach für Regen und Schnee hat. Diese Futterstelle kann einfach ein Holzkasten sein, der auf zwei gegenüberliegenden Seiten offen ist. Ein schmales Brett unten an den beiden offenen Seiten verhindert, daß das Futter aus dem Kasten herausfällt. Das Dach, das mit angestrichenem Zinkblech oder einem Stück Plastik belegt sein kann, schützt das Futter bei schlechtem Wetter. Man kann auch Fettkuchen, Hirserispen usw. hineinhängen.

Damit das Futter sauber bleibt und sich länger hält, kann man es in flache Behälter geben. Auch Wasser brauchen die Vögel. Es sollte oft und regelmäßig erneuert werden.

Eine Manschette aus Weißblech (aufgeschnittene Konservendosen), 25–30 cm breit, wird um den Stab genagelt. Sie hindert Ratten daran, zur Futterstelle hinaufzuklettern.

Fettkuchen können auch an Zweige gehängt werden, erhalten dort aber vielleicht den Besuch von Nagetieren.

Das Angebot
Körner, geschrotetes Getreide, Sonnenblumenkerne, Futtermischung für Kanarienvögel, Hanfsamen, Haferflocken, Reste von Käse: für Meisen, Kleiber und Finken. Kleine Stücke Butter, Margarine, Schmalz, Speckschwarte, Fleischabfälle, Backpflaumen, Stücke von Dörräpfeln, getrocknete Holunderbeeren.

Etwas für starken Frost: Rindertalg auslassen, Körner hineingeben, das Ganze in eine Kuchenform schütten. Nach Abkühlen den Fettkuchen in Scheiben schneiden und in die Futterstelle oder auf das Fensterbrett legen.

Warmes Wasser in einen Aluminiumteller gießen, den der Frost nicht sprengt. Einige Tropfen Alkohol oder Öl hindern das Wasser am Frieren.

Ein gutes Rezept: 350 g Margarine auslassen, vom Feuer nehmen, umrühren, rasch 200 g Hanfsamen, 100 g Sonnenblumenkerne und 150 g zerbröckelten Zwieback, einige Haferkörner und einige getrocknete Holunderbeeren hineingeben. Abkühlen lassen, doch vor dem Festwerden in Joghurtbecher aus Papier oder Plastik gießen. In die flüssige Masse geben wir einen Draht. Die Kuchen werden kalt und fest. Dann hängen wir sie an Zweige und reißen die Becher ab.

Anderes Rezept: Kerne von Kürbissen, Äpfeln und Birnen, einige kleine Rosinen, alles mit ausgelassenem Schmalz verrühren und gerinnen lassen. Alles andere wie eben beschrieben.

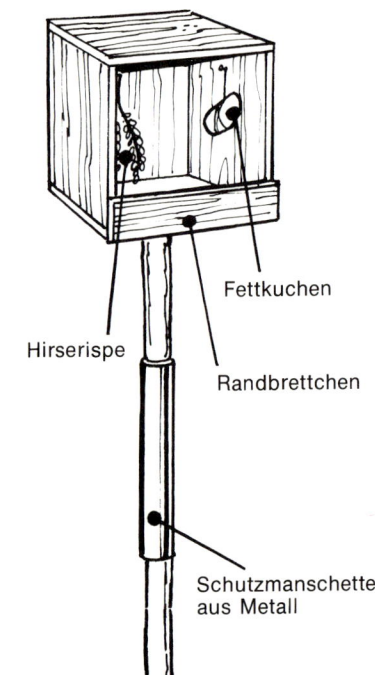

Fettkuchen

Hirserispe

Randbrettchen

Schutzmanschette aus Metall

Wer hat seine Spur hinterlassen?

Gestern und heute nacht hat es geregnet, doch nun hat die Sonne alles getrocknet. Versuchen wir Abgüsse von den Abdrücken in der Natur zu machen.

Wir nehmen Gips in einem festen Plastikbeutel, Wasser in einer Feldflasche, feines Salz, das das Abbinden beschleunigt (eine kleine Handvoll für 1 kg Gips), einen alten Napf, ein Brettchen, einen Löffel, Kartonstreifen von 5 bis 8 cm Breite und verschiedenen Längen, Schere und natürlich das Taschenmesser mit. Am besten ist es, wenn sich an dieser Expedition drei bis vier Freunde beteiligen.

In dem Trampelpfad am Bach, in den schlammigen Stellen vor dem Eingang und neben der Scheune sind Abdrücke deutlich sichtbar.

Rund um die besten Abdrücke bringen wir die Kartonstreifen an, die von Zweigen, die wir außen in den Boden stecken, festgehalten werden. In diese Form gießen wir den gesalzenen Gipsbrei, so daß er den Abdruck gut bedeckt. Wir lassen den Brei hart werden, nehmen den Kartonstreifen ab, heben den Gipsabguß heraus und legen ihn auf das Brett. Dieser Abguß ist er-

haben, während die wirklichen Abdrücke (die Fußspuren) vertieft sind. Wenn der Abguß ganz trocken ist, bringen wir ihn nach Haus. Davon nehmen wir nun einen zweiten Abguß, der diesmal vertieft ist wie die Fußspuren auf dem Boden. Das geht so:

Zunächst bürsten wir die erhabene Form vorsichtig ab, um Erd- oder Pflanzenreste zu entfernen, die vielleicht auf dem Gips kleben. Solche Reste dürfen nicht mehr vorhanden sein, wenn der zweite Abguß gemacht wird, weil dieser sich dann schwer aus der Form lösen würde.

Dann werden die erhabenen Abgüsse mit Firnis überzogen. Wenn er trocken ist, ölen wir die Oberfläche mit Hilfe eines Pinsels.

Nun legen wir einen Kartonstreifen um die erste Gipsplatte, der von Heftklammern zusammengehalten wird. Wir bereiten den Gipsbrei vor, wie S. 19 beschrieben, und gießen die Form aus.

Man läßt aber den Gips gut abbinden und trocknen, bevor man die beiden Formen voneinander trennt.

Den Boden der Hohlform, die wir

so erhalten, können wir mit brauner Deckfarbe anmalen.

Datum und Stelle, wo wir diesen Abdruck gefunden haben, schreiben wir auf ein Etikett, das wir auf die Schmalseite des Blocks kleben, etwa so: *Igel*, Hohe Wiese, Grenzhecke, 8. 8. 74.

Wenn man die Geduld hat, so lange zu warten, bis der Gips der Abdrücke *ganz trocken* ist (er klingt hell, wenn man leicht klopft, statt einen matten Ton zu geben), dann kann man die Platte mit einer feinzahnigen Säge und einer Feile bearbeiten, um ihr eine regelmäßige Form zu geben. Wenn eine kleine Ecke abbricht, so schadet das kaum: sie läßt sich leicht wieder ankleben.

Spuren anderer Art sind lange, starre Haare, die beispielsweise an einem Stacheldraht hängengeblieben sind. Sie zeigen an, daß es in dieser Gegend Dachse gibt. Ein Förster oder ein erfahrener Jäger kann uns vielleicht weitere Spuren und den Bau des Dachses zeigen.

In den Schnee geschrieben

Eine Wiese ist wirklich eine wahre Fundgrube für Detektive der Natur. Betrachten wir dieses Foto genau: die Abdrücke sind der Beweis dafür, „daß etwas passiert ist". Aber was?

Ein Mann vom Lande, der die Tierarten in dieser Gegend gut kennt, hat die in den Schnee geschriebene Geschichte verstanden:

Die Spuren stammen von einer Möwe, die sich im Hinterland verproviantiert hat.

Und diese Art Furchen da im Vordergrund? Das ist die Spur vom Flügelrand einer Krähe. Aber das ist noch nicht alles. Sie wollte einem Fuchs entkommen! Denn tatsächlich sieht man rechts die tiefe Spur eines Ausrutschens, in der sich der Krallenabdruck des Raubtiers befindet.

Als Anhaltspunkt zum Spurenlesen geben wir hier einige Darstellungen von den auf der Wiese – oder ihrer Umgebung – häufigsten Abdrücken mit Hinweisen zur besseren Unterscheidung.

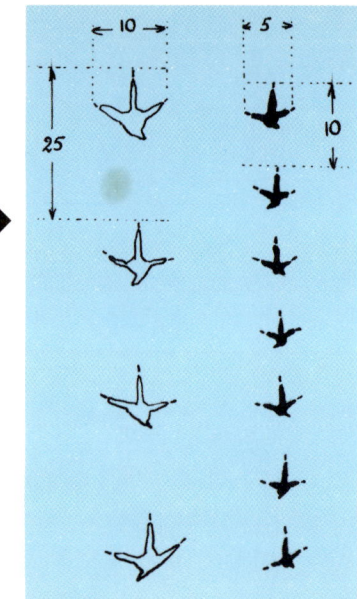

Vergleich der Trittspuren des Fasans (links) mit denen des Rebhuhns (rechts): dieses Federwild setzt die Füße hintereinander in eine einzige Linie. Andere Vögel, etwa die Bachstelze, hüpfen mit geschlossenen Beinen und erzeugen eine Doppelspur. Der Fußabdruck des Fasans (bis zu 10 cm einschließlich der Krallen) ist doppelt so breit wie der des Rebhuhns.

Der Abstand zwischen der Spitze eines Abdrucks und dem der folgenden ist beim Fasan doppelt so lang: während er zwei Schritte macht (4 Abdrücke), macht das Rebhuhn dreieinhalb Schritte (7 Abdrücke).

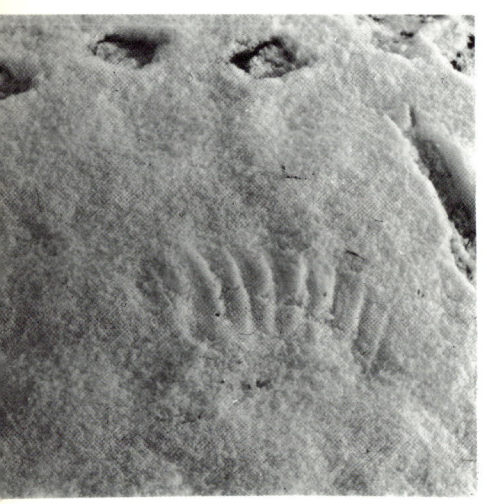

Sobald man Einzelheiten erkennt, sind Vogelspuren einander nicht mehr so ähnlich. Nebenstehend einige Beispiele: Die Entfernung von der vorderen bis zur hinteren Krallenspitze beträgt bei den hier abgebildeten Spuren (in cm): Amsel 2,5; Grünspecht 3 (man beachte den besonders zum Klettern geeigneten Fuß); Saatkrähe 7; Eichelhäher 7,5; Elster 8.

Bei den Sperlingsvögeln stehen die Zehen enger zusammen als bei Fasan und Rebhuhn, deren Zehen gespreizt sind wie die des Haushuhns und auch als Vorbild für manche Stoffmuster gedient haben.

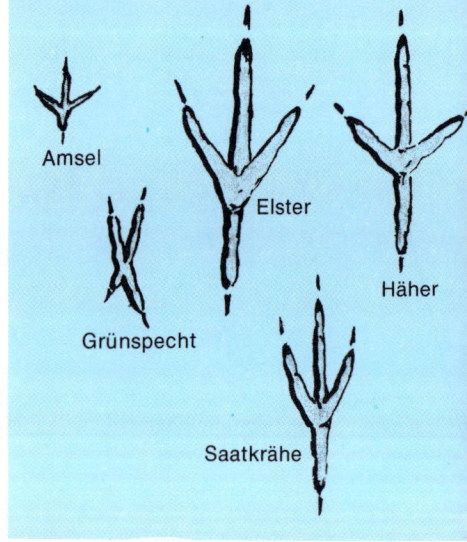

Amsel
Elster
Häher
Grünspecht
Saatkrähe

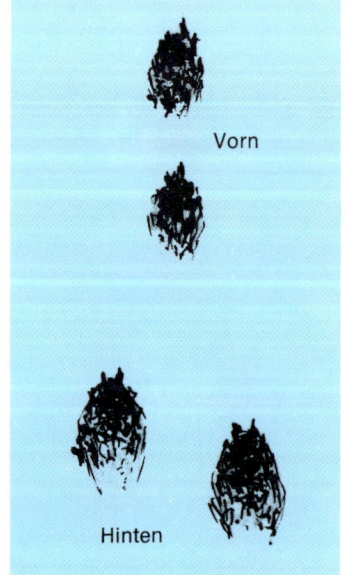

Vorn
Hinten

Zunächst sollte man sich die Spuren von Haustieren einprägen, von Kühen, Schafen und Ziegen. Dann fällt es leichter, auch die einer Hirschkuh, eines Hirsches und eines Rehbocks zu unterscheiden.

Hasen und Kaninchen laufen nicht, sie springen. Sie stützen sich auf die hintereinandergestellten Vorderpfoten und werfen die Hinterbeine nach vorn, die dabei zu beiden Seiten der Vorderbeine vorwärtsschnellen und weit vor diesen aufsetzen. Man sieht hier den Abdruck zwischen zwei Sprüngen: das Kaninchen hat die Vorderbeine aufgesetzt, während die Spuren vom vorigen Sprung man sieht, noch in der Luft sind. Das Tier setzt sie weit davor, links und rechts von ihnen, auf.

106

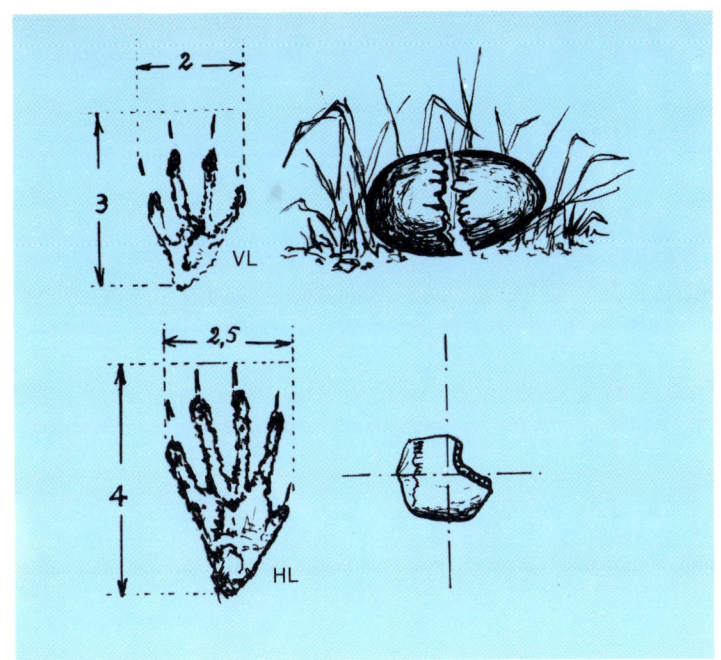

▲

Das Eichhörnchen hat an der vorderen Pfote 4, an der hinteren 5 Zehen, wobei der Daumen sehr kurz ist. Im Durchschnitt ist der Abdruck der Vorderpfote 3 cm lang (einschließlich der Krallen), der der Hinterpfote 4 cm.

Wenn man in der Nähe die Schale eines in der Mitte geöffneten Eies oder eine, wie dargestellt, angenagte Haselnuß findet, hat das Eichhörnchen seine Anwesenheit ganz klargemacht.

Abdrücke von Igelspuren. Der Daumen steht für sich, vor allem der der Hinterpfoten. Am häufigsten spreizt er sich beim Trab ab. Hier ist der Igel jedoch stehengeblieben, bereit umzukehren. Deshalb sieht man alle Zehen abgedrückt. Der Igel hatte die linke Vorderpfote (VL) in gleicher Höhe neben die rechte Hinterpfote (HR) gestellt.

▼

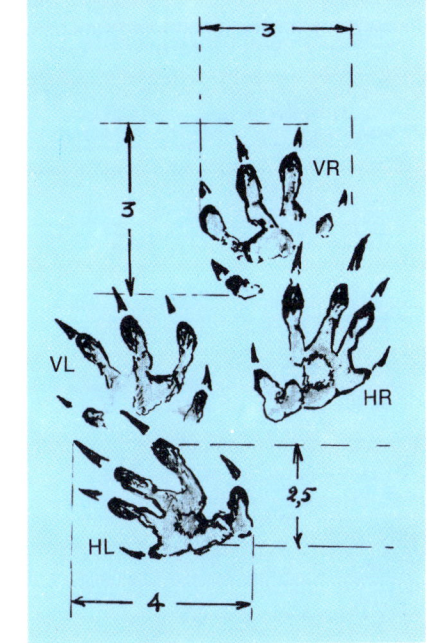

Hunde und Füchse hinterlassen recht ähnliche Spuren, häufig von gleicher Größe. Doch der Abstand zwischen dem Sohlenballen und denen der Zehen ist beim Fuchs (links) viel größer, vor allem bei der Hinterpfote (unten).

▼

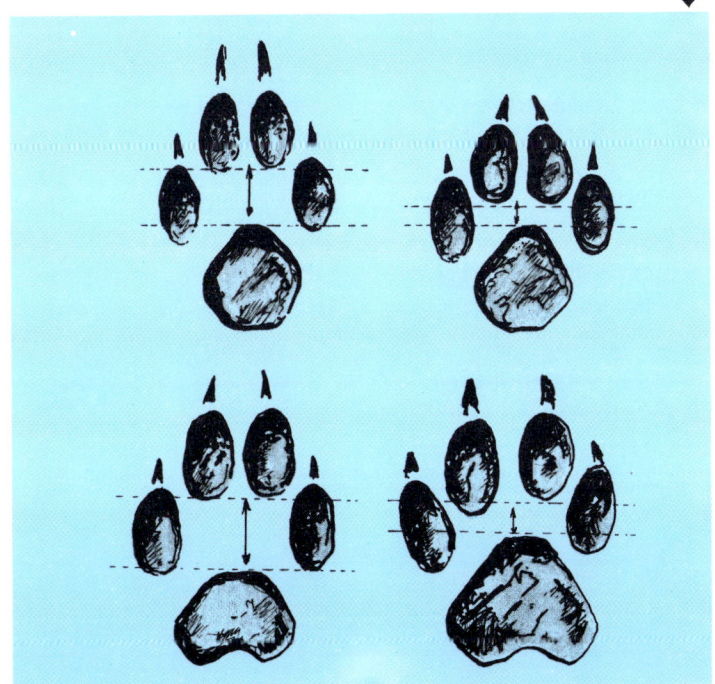

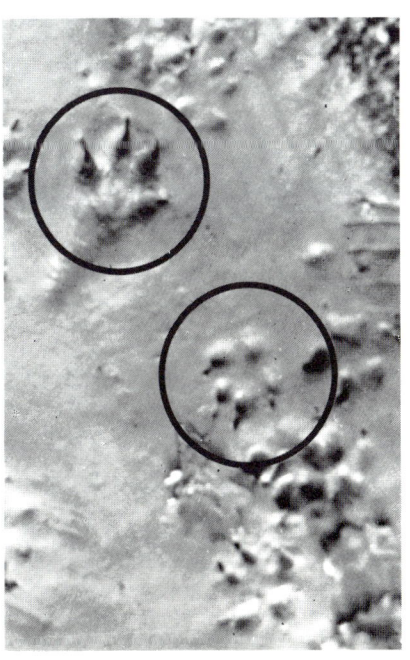

Foto von Spuren des Fuchses.

Gänge, von Borkenkäfern in die Rinde eines bereits kranken Baumes gegraben. Hier der Apfelsplintkäfer.

Das Wiesel (Hermelin), wachsam im Gras, verschwindet beim geringsten Geräusch. Es mißt 15–25 cm, dazu 5–8 cm für den Schwanz. Es besitzt unter diesem Schwanz zwei kleine Drüsen, die eine schwarze übelriechende Flüssigkeit absondern: ein ausgezeichnetes Verteidigungsmittel.

In alten Baumstümpfen oder um sie her findet man selbst im Winter Käferlarven, die Holz fressen – Xylophagen.

Wenn wir ein Stück Rinde von einem gefallenen Baum abreißen, entdecken wir gelegentlich ein sonderbares Bild von Gängen, symmetrische Linien vom Muttergang ausgehend: das sind die Grabarbeiten eines Borkenkäfers der Gattung Splintkäfer. Das System der ausgehöhlten Gänge beginnt mit einem Loch, das das Männchen oder das Weibchen in die Rinde bohrt. Nach der Paarung gräbt das Weibchen in den Splint unter dieser Rinde einen Gang mit einer Reihe von Nischen, in die es je ein Ei legt. Jede der ausgeschlüpften Larven bohrt sich, fast rechtwinklig zum Muttergang, ihren eigenen Gang, der 2–8 oder auch 10 cm lang sein kann.

Der Waldkauz wählt sich jetzt ein Loch im alten Apfelbaum als Unterkunft, um schneller den Schuppen eines nahen Bauernhofes zu erreichen, in dem Wühlmäuse leben. Hier erreicht ihn ein Ruf aus der Tiefe des Waldes, bei dem er den Kopf ganz herumdreht (das ist sogar im physikalischen Sinn wahr: er kann den Kopf um 180° drehen).

„Hu! Hu! Hu!" Das Männchen ruft alle sechs Sekunden, daß es wartet. Und weder Frost noch Schnee hindern die Waldkäuze daran, Hochzeit zu feiern.

Vor Tagesanbruch geht das Wiesel auf die Jagd. Es hofft einen Hasen zu überraschen, denn es ist einer hier vorübergekommen. Da ist der Abdruck der Wieselpfoten, fünf Zehen vorn, vier hinten in einer Spur, die sich lang und schmal wie eine Schnur dahinzieht. Vielleicht hat es auch das Eichhörnchen aus seinem Nest hoch in einem großen Baum geholt, oder sein Instinkt führt es zur Unterkunft von Zaunkönigen und Grünlingen, die die feinen Sterne ihrer Füße auf dem Schnee hinterlassen haben. Ehe die blasse Sonne noch die leise Hoffnung auf Tauwetter bringt, hat das Wiesel sein Loch am Fuß eines Baumes wieder erreicht, um hier in der Wärme seines Pelzes zu schlafen.

Bald ist der Winter vorbei. Dann steigt der Saft aus den Wurzeln wieder empor. Die Zweige bekommen Kätzchen, Blüten. Die Stare in der hübschen schwarzen Livree mit den grünen, violetten und purpurnen Reflexen werden wieder ihre Jungen in einem Loch des Stammes füttern. Der Kreislauf des Lebens beginnt von neuem.

Praktische Hinweise

Nationalparks

Auf der ganzen Welt sind in einzelnen Ländern großräumige Naturschutzgebiete eingerichtet worden, die Nationalparks, wo irgendwelche Eingriffe von Menschenhand nicht oder nur mit besonderer Erlaubnis zugelassen sind.

In der Bundesrepublik liegt der Nationalpark im Bayerischen Wald, in der Schweiz im Unterengadin sowie das Aletschreservat, in Österreich ist ein Nationalpark in den Hohen Tauern geplant.

In Afrika existieren rund 70 Nationalparks, darunter der Krüger-Nationalpark in Südafrika und der Serengeti-Nationalpark in Tansania.

In Nord-, Mittel- und Südamerika finden wir rund 170 Nationalparks, darunter 35 in den Vereinigten Staaten, wie den Grand-Canyon-Nationalpark oder den Yellowstone-Nationalpark.

Asien verfügt über rund 80 Nationalparks, Australien und Neuseeland nennen rund 300 Nationalparks von unterschiedlicher Größe.

Europa weist rund 120 Nationalparks aus; am meisten hat Jugoslawien mit 10.

Erholungslandschaften als *Naturparks* werden von den einzelnen Ländern in zunehmendem Maße eingerichtet. In der Bundesrepublik sind es bis heute nahezu 60.

Im eigentlichen *Naturschutzgebiet* ist es streng untersagt, Pflanzen oder Tiere wegzuschaffen oder hereinzubringen, damit selten gewordene Tier- und Pflanzenarten überleben können.

Bestimmte frei lebende Tiere genießen auch außerhalb der Schutzgebiete die Sicherung des Fortbestehens durch gesetzliche Vorschriften. Diese sind in den europäischen Staaten unterschiedlich. Schutz- und Jagdvorschriften sind überwiegend Ländersache – auch in Österreich – und Kantonssache in der Schweiz.

Viele unserer Säugetiere sind gegenüber der Jagd durch strenge Schonzeiten und andere Einschränkungen geschützt, so beispielsweise: Adler, Biber, Steinbock, Eidechsen, Salamander, Molche, Kröten, Apollofalter und andere aussterbende Tiere.

Von den Vögeln sind insbesondere geschützt:

Stelzvögel: Reiher, Nöbelschnäbler, Dommeln, Weißer und Schwarzer Storch, Stelzenläufer, Kraniche, Sichler, Trappen, Löffler.

Schwimmvögel: Ringelgans, Schwäne, Tölpel, Möwen, Lappentaucher, Seeschwalben, Schneegans, Seetaucher, Rost- und Brandgans, Säger, alle Alken: Krabbentaucher, Lummen, Papageitaucher.

Singvögel: alle kleineren Vögel außer dem Haussperling, auch die Drosseln und Wachteln, die früher beliebte Speisevögel waren. Von größeren Vögeln sind geschützt: Alpendohle, Alpenkrähe, Saatkrähe, Kolkrabe, Ziegenmelker, Bienenfresser, Wiedehopf, Pirol, Blaumerle, Steinrötel, alle Spechte, Mandelkrähe, Wendehals.

Rauhfußhühner: Weibchen und junge Hähne von Auer-, Birk- und Haselhuhn.

Ferner alle Eulen und Greifvögel.

Bei den Pflanzen gilt der Schutz jenen Arten, die in ihrem Bestand wegen ihrer Seltenheit, Schönheit oder Verwendbarkeit gefährdet sind. Im deutschsprachigen Raum herrscht heute weitgehende Übereinstimmung hinsichtlich des Schutzes nachstehender Pflanzen:

Vollkommen geschützt sind: Narzissenblütiges Windröschen, Alpenwindröschen, Großes Windröschen, Küchenschelle*, Frühlingsteufelauge, Akelei*, Seerose und Teichrose, Seidelbast*, Diptam*, Stranddistel, Alpenmannstreu, Pfingstnelke, Aurikel und alle rotblühenden Arten der Gattung *Primula,* Alpenveilchen, Stengelloser, Gefranster, Gelber Enzian, Gelber Fingerhut, Edelraute, Edelweiß, Lilien*, Schachblume, Siegwurz, Orchideen, Federgras, Königsfarn, Straußfarn, Hirschzunge. (Von den mit * bezeichneten Pflanzen alle einheimischen Arten.)

Teilweise geschützt sind alle rosetten- und polsterbildenden Arten der Gattung Hauswurz, Steinbrech, Leimkraut, Himmelsschlüssel (soweit nicht schon oben genannt), ferner Schwarze Nieswurz, Märzenbecher, Schneeglöckchen, Träubelhyazinthe*, Blaustern*, Maiblume.

Von den vollkommen geschützten Pflanzen darf man nicht einmal eine Blüte abnehmen, von der zweiten Gruppe ist es verboten, unterirdische Teile oder Rosetten zu beschädigen oder von ihrem Platz zu entfernen.

Nützliche Adressen

Im deutschsprachigen Raum gibt es unterschiedliche Bestrebungen und Vereinigungen für das Kennenlernen und Leben mit und in der Natur. Jugendorganisationen, insbesondere Pfadfinder, Naturfreunde oder Wandervereine widmen sich diesem Ziel. Hinweise auf zusammengefaßte Adressen wird der Verlag gern entgegennehmen. Ein Beispiel ist der Bund für Vogelschutz, Stuttgart, der in größeren Städten Ortsgruppen, manchmal auch Jugendgruppen hat. Dieser Bund veranstaltet in manchen Städten zum geeigneten Termin Wanderungen zum Kennenlernen der Vögel. In anderen Orten macht es die Volkshochschule, wobei solche Exkursionen oft auch Pflanzen einschließen. Vogelschutzwarten gibt es in Ludwigsburg, Garmisch-Partenkirchen, Hamburg, Frankfurt a.M., Steinkrug/Deister, Essen-Bredeney, Kiel und in der DDR in Seebach/Thüringen. Die Adressen findet man im Telefonbuch.

Vogelwarten gibt es in Radolfzell-Möggingen, auf Helgoland (Hauptsitz in Wilhelmshaven), in Hiddensee (auf Rügen), in Österreich Vogelwarte Neusiedler See (Biologische Station Neusiedl a.S.), in der Schweiz Vogelwarte Sempach. Diese beiden nehmen auch die Aufgaben von Vogelschutzwarten wahr. An die Vogelwarten sollte man sich wenden, wenn man tote beringte Vögel findet. Bei Fragen, die Tiere betreffen, werden die Tierschutzvereine gern Auskunft geben, wenn der Biologielehrer nicht helfen kann.

Bücher helfen weiter

Es gibt eine ganze Reihe von Büchern, die sich ganz allgemein mit Feld, Wald und Wiese befassen oder die sich speziell einem Biotop oder einem bestimmten Bereich von Tieren und Pflanzen widmen. Bücher helfen in jedem Fall weiter, wenn man bestimmte Fragen zu beantworten sucht oder ein Problem lösen will. Damit der Anfänger sich einen ersten Eindruck verschaffen kann, ist hier eine kleine Auswahl von Büchern genannt, die in der Sache weiterführen. Man kann die Bücher in einer Buchhandlung kaufen oder aber in einer Öffentlichen Bücherei für kürzere Zeit ausleihen.

BLV Bestimmungsbücher
München: BLV

Sandhall, Ake
Insekten und Weichtiere.
Niedere Tiere und ihre
Lebensräume.
Mit 432 Farbfotos.

Ursing, B.
Wildpflanzen
Über 800 Wildpflanzen in Farben
abgebildet und beschrieben.

Belser-Bücher
Stuttgart: Belser

Freitag, Helmut
Wiesenblumen und Ackerblumen.
Mit 186 Aufnahmen
von Fritz Schwäble.

König, Claus
Europäische Vögel. Bd. 1–3

Möhres, Franz Peter
Käfer. Mit 118 Farbtafeln von
Ewald Reitler.

Bunte Kosmos-Taschenführer
Stuttgart: Franckh

Aichele, Dietmar
Das blüht an allen Wegen.

Aichele und Schwegler
Die Natur im Jahreslauf

Pfletschinger, Hans
Bunte Welt der Insekten.
120 Insekten unserer Heimat.

Rein, Georg
Wunderwelt der Schmetterlinge.

Zech, Joachim
Bäume und Sträucher.

Ravensburger Naturbücher
in Farben
Ravensburg: O. Maier

Conert, Hans Joachim
Flora in Farben.
667 wildwachsende Pflanzen.

Peters, D. Stefan
Insekten auf Feld und Wiese
in Farben. Über 600 Käfer,
Schmetterlinge und andere
Kleintiere in Feld, Wiese
und Garten.

Schröder, Heinz
Insekten in Farben.

Felix, J.
Vögel in Garten und Feld.

Gütersloh: Bertelsmann
Ratgeberverlag

Forster, Walter
Knaurs Insektenbuch
München: Droemer

Jirasek, V.
Taschenatlas der Pflanzen.
Mit 80 Farbtafeln von
K. Svolinsky
Hanau: Dausien

Kleinschmidt, Otto
Die Singvögel der Heimat.
Heidelberg: Quelle und Meyer

Schröder, Heinz
Heuschrecken, Käfer und Wespen.
Stuttgart: Delphin-Verlag

Slavik, B.
Wildpflanzen in Feld und Wald
Gütersloh: Bertelsmann

Chinery, Michael
Die Welt der Tiere und Pflanzen.
Das große Bilderlexikon
der Natur.
München: Südwest Verlag

Sachregister

Die fetten Zahlen bezeichnen Abbildungen. Auf denselben Seiten steht oft ein Text über das gleiche Thema. Die anderen Zahlen beziehen sich auf Textstellen, bisweilen auch auf Bildunterschriften.

INHALT

Die zur Illustration dieses Werkes benutzten Fotos wurden uns zur Verfügung gestellt von:
AARONS, S. 2, 88. ATLAS PHOTO, S. 37. 66, 96, 106. BAVARIA, S. 67, 82, 97. BAYARD, S. 45. BOUHOT, S. 67. BOURRET, P., Umschlag und S. 72, 75, 78. CARAYON, S. 37. CHANTELAT, J.-C., S. 14, 58, 59, 64, 81, 92, 97. CHARPENTIER, S. 15, 31, 32, 37, 42, 45, 52, 75. COLYANN, S. 43. DALIGAUT, N., S. 82. DHUIT, G., S. 9, 20, 21, 24, 38, 52, 53, 57, 81, 94, 95. FOTOGRAM, S. 82. FRETEY, J., S. 31. GORENFLOT, S. 43, 53, 55. JOLY, Ph., S. 31, 48, 71, 84, 85. LAJOUX, J. D., S. 16. LANCEAU, Y., Umschlag und S. 13, 17, 41, 54, 55, 67, 72, 73, 96. LEMPEREUR, E., S. 91. MONIER, S. 19. NOAILLES, S. 33, 54. PITCH, S. 5, 86, 89. PRENTZEL, S. 41. RICCIARINI, S. 37. de RICQLES, A., S. 35. SCHREMPP, S. 85. SILVESTRE, S. 37. SIX, J., S. 37, 54, 55, 96. VIAL, Y., S. 35. ZEFA, S. 7.
Die Dokumente der Seite 12, Auszüge aus l'Arbre et la Haie, Sammlung Sciences et Techniques Agricoles, 49 Sainte-Gemmes-sur-Loire, sind uns freundlicherweise von Dominique SOLTNER zur Verfügung gestellt worden (Fotos von S. Boutinot, B. Hawques, I. Holmasen, F. Merlet, Schunemann, D. Stephen, H. Tomanek, L. Yigael, E. Zollinger).
Die S. 106, 107 abgedruckten Zeichnungen sind uns freundlicherweise von Paul-Henry PLANTAIN überlassen worden.
97 Fotos, schwarz-weiß und in Farbe, von Leslie JACKMAN, erschienen in *The Field, Exploring the Hedgerow, Exploring the Park, Exploring the Woodland*, sind uns von EVANS BROTHERS LIMITED, London, überlassen worden.

Entwurf von Jacques DOUIN
Zeichnungen von K. HISEK,
F. BERILLE, N. COLBUS

2. AUFLAGE

Die französische Originalausgabe erschien unter dem Titel
Dans le pré bei Hatier, Paris
© HATIER Paris 1974

DEUTSCH VON JUTTA
UND THEODOR KNUST

Alle Rechte vorbehalten
Printed in Germany
© Verlag Herder
Freiburg im Breisgau 1977
Herstellung: Freiburger
Graphische Betriebe 1977
ISBN 3-451-17562-2